保育の理論と実践

ともに育ちあう保育者をめざして

清水陽子／門田理世／牧野桂一／松井尚子
[編著]

ミネルヴァ書房

はじめに

　2006年に教育基本法が改正され,「幼児期の教育は,生涯にわたる人格形成の基礎を培う重要なものであることにかんがみ,国及び地方公共団体は,幼児の健やかな成長に資する良好な環境の整備その他適当な方法によって,その振興に努めなければならない」(第11条)と,これまでの教育基本法になかった幼児教育の位置づけが加えられました。

　2015年には子ども・子育て支援制度が発足し,待機児童解消など保育の量的な拡充も進められています。それに伴い,保育の質の向上の鍵を握る保育者に注目が集まっています。これは,保育・幼児教育への社会的な期待が,これまでになく高まっていることの現れと考えられます。

　また,世界に目を向ければ,乳幼児に関する研究の成果の蓄積により,乳幼児期がその後の人間的成長に及ぼす影響が大きいことが実証され,子どもへの投資は有効であるとの認識が広がったといえるでしょう。

　本書は,保育に携わるうえでの不変的な基本事項を,保育実践の歴史的な歩みを縦糸とし,海外の保育情報や研究を背景とした現代の保育を横糸として,具体的な内容や実践を浮き彫りにしつつ織りなすように構成しました。執筆者の多くは教育・保育に携わった体験をもっていることも「実践の歩み」の縦糸を強くした一因となったと考えております。このような点から,「保育原理」や「保育者論」「保育内容総論」など幅広く保育者養成校で活用していただけたら幸いです。

　フリードリッヒ・フレーベルは,彼の構想した教育施設「子どもの庭」という意味をもつキンダーガルテンにおいて,子どもをよく見て学ぶことから,さまざまな教育内容や玩具を創造していきました。私たちも,フレーベルの残した言葉「私たちの子どもに生きようではないか」の意味を深く心に刻み,子どものもつ力のすばらしさを伝えていきたいものです。

　保育者をめざす方たちが,さまざまな人々とよき協力関係をつくり,子どもを理解し関われる幸福を味わい,ともに喜びあえる保育者として成長し続けることを願ってやみません。

2017年2月

編者を代表して　清水陽子

も　く　じ

はじめに

第1章　先達に学ぶ保育実践と保育のあゆみ　　1

第1節　日本に伝えられたフレーベルのキンダーガルテン実践 …………… 2
1　"幼児教育の父"フレーベル……2
2　草創期の幼児教育と最初の幼稚園開設……3
3　関信三のフレーベル理解と保育観……4
4　豊田芙雄による2番目の幼稚園開設と幼稚園の普及……5

第2節　キリスト教保育の実践と保姆養成 ……………………………… 6
1　明治中期以降の社会的変化と幼稚園の開設状況……6
2　キリスト教保育の保育者養成と幼稚園の保育内容の特徴……8
3　J. K. U.による保育の実践研究……9

第3節　真の「保育」を模索した大正・昭和期 …………………………… 10
1　アメリカの新教育運動の影響……10
2　日本における「幼稚園」の改革と倉橋惣三……12
3　先人たちに学ぶ真の「保育」の使命……12

第4節　民主的な人格の育成をめざした戦後の保育実践 ………………… 13
1　平和国家への願いと敗戦直後の保育・教育……13
2　1950年代に起こった児童中心主義への批判……14
3　1960年代に誕生した「伝えあい保育」……16
4　1970年代の保育を科学的に実証する取組みの始まり……17
5　現代に受け継ぐフレーベルの「子どもの生命」尊重と生きる力の育成……18

コラム①　関信三の向きあった課題とフレーベルとの出会い……20
コラム②　日本で2番目に開設された鹿児島女子師範学校附属幼稚園……21
コラム③　「保育」という言葉にかけた願い……22
コラム④　斎藤公子の子どもの絵を見つめるまなざしに学ぶ……23

第2章　「保育者」をめざすあなたへ　　25

第1節　原体験としての保育者像 ………………………………………… 26

1　あなたにとっての保育者像とは……26
　　　2　私の出会った「せんせい」……27
　第2節　子どものまなざしに映る保育者……………………………………28
　第3節　「保育者」の仕事を知る………………………………………………31
　　　1　保育形態と保育者の役割……32
　　　2　経験から学ぶ──アクティブ・ラーニング……33
　第4節　「保育者」として働くための資格・免許とは………………………36
　　　1　保育士と幼稚園教諭……36
　　　2　保育士資格……36
　　　3　幼稚園教諭免許状……37
　　　4　保育教諭……39
　　　コラム⑤　保育者の使命とは──マザー・テレサの言葉から考える……40

第3章　人と関わる力を育てる　　　　　　　　　　　　　　　　41

　第1節　信頼感に支えられた生活……………………………………………42
　　　1　赤ちゃんの泣き声に耳を傾ける……43
　　　2　人やモノをじっと見つめる……44
　　　3　日常の小さな積み重ね……47
　第2節　伝え，気づき，育ちあう関係…………………………………………48
　　　　　──表現することと自己抑制・自己調整
　　　1　子どもの育ちに関わる環境……48
　　　2　友だちのなかで育つ……49
　第3節　成長に必要な経験のなかで …………………………………………53
　　　　　──人との関わりのなかで広がり深まる意欲・行動
　　　1　子どもの姿を捉える……53
　　　2　子ども主体で展開する園生活・遊び……54
　　　3　友だちとの協働の喜び……55

第4章　環境に関わり生きる力を育てる　　　　　　　　　　　　　59

　第1節　保育実践の場における環境とは……………………………………60
　　　1　環境を通して行う指導……60
　　　2　保育実践の場における子どもを取り巻く環境……61

第2節　環境と関わる保育内容の実際……………………………………66
　　　1　自然環境に触れ科学性の芽生えと豊かな人間性を育む……66
　　　2　文字・数・図形に触れ身近な日常生活と結びつける……68
　　　3　文化や行事に触れ日常に潤いをもたらす……69
　　　4　地域に触れ市民性の芽を育む……70
　　第3節　環境構成の実際——河童の親子をつくろう（年中児11月）…………71

第5章　子どもとともに生活する　　75

　　第1節　0，1，2歳児の生活を知る……………………………………76
　　　1　0，1，2歳児の発達……76
　　　2　保育所・認定こども園における乳児の生活……78
　　第2節　保育実践の場における0〜2歳児への関わり方と環境構成………81
　　　1　生活・遊び場面における子ども理解と保育者の関わり……81
　　　2　0，1，2歳児の発達に応じた生活と遊び環境の工夫……87
　　第3節　幼児の生活を知る…………………………………………………90
　　　1　幼児期の発達……90
　　　2　幼児の生活や遊びと保育者の関わり……92
　　第4節　子どもとともに生活するために……………………………………95
　　　1　子どもを「まなざし」をもって観察する……95
　　　2　子どもとともに遊びの環境をつくる……97
　　　3　エピソードから見えてくる子ども理解と保育者の関わり……100

第6章　「保育現場」の求める保育者の専門性　　107

　　第1節　礼節とマナーをもって関わることのできる人に………………108
　　　1　「礼節」と「マナー」とは……108
　　　2　社会人としての基本的なマナー……108
　　　3　保育者として心がけることとは……110
　　第2節　保育における協働性………………………………………………110
　　　1　協働性とは何か……110
　　　2　保育者に求められる「得意分野」と「協働性」……111
　　　3　全国保育士会倫理綱領にみる「協働性」……112
　　　4　保護者との「協働」とは……112

5 「協働」の実際……113
    第3節　一人ひとりの子どもに寄り添う……………………………………114
        1 一人ひとりに寄り添うとは……115
        2 一人ひとりに寄り添うために必要なこと……117
        3 ワークを通して，一人ひとりに寄り添った援助を考える……119
    第4節　子どもに命の大切さを伝える………………………………………120
        1 「命」とは何か，動物の飼育を通して考える……121
        2 ワークを通して，命の大切さの伝え方を考える……123

第7章　共生の時代の保育者をめざして　　125

    第1節　子育て支援の現状と課題………………………………………………126
        1 子育て支援とは……126
        2 日本の子育て支援政策……127
        3 諸外国の子育て支援政策……129
        4 子育て支援の課題……130
    第2節　地域とつながる子育て支援……………………………………………131
        1 子育てにおける地域連携の必要性……131
        2 地域子ども・子育て支援事業とは……131
        3 地域における子育て支援の課題……133
    第3節　家庭的保育者との連携…………………………………………………134
        1 地域型保育事業について……134
        2 家庭的保育事業とは……134
        3 家庭的保育者とは……136
        4 家庭的保育事業の課題……136
    第4節　専門機関との連携………………………………………………………137
        1 専門機関との連携の必要性……137
        2 専門機関の種類……138
        3 専門機関と連携するにあたって……140

第8章　小学校の実践から幼児期における「教育」のあり方を考える　　143

    第1節　子どもとの関係づくりの根底にあるもの……………………………144
        1 学校における人間関係の否定的現象……144

2　子どもを人間として受けとめ，認める……145
　　3　見つめること……146
　　4　子どもたちとの約束……147
　　5　子どもへの傾聴……149
　第2節　授業記録から明日の教育をつくる …………………………………… 152
　　　　　──子どもの言葉を育てるための授業の創造
　　1　1つの「おむすびころりん」との出会い……152
　　2　「おおきなかぶ」をどう読むか──リズムは思想を表現する……153
　　3　授業の記録──ともに生きる世界を求めて……154
　　4　教材を生きるということについて……159
　第3節　子どもへの共感と感動 ……………………………………………………… 159
　第4節　子どもたちへの誠実さ ……………………………………………………… 161
　　1　押しつけられた答えと目の前の事実……161
　　2　教師の美意識……163
　　3　小学校教育からみた幼児教育への期待……164
　第5節　小学校の実践から幼児期における「教育」のあり方を考える … 165

第9章　現代の保育現場の抱える課題　　167

　第1節　多様性・公平性のなかで展開される保育実践のあり方について… 168
　　1　多文化共生社会における家族・保育とは……168
　　2　男女共同参画社会における子育てと働き方とは……172
　第2節　特別な支援が必要な子どもと家族のための保育実践について … 175
　　1　特別な支援を必要とする子どもとは……175
　　2　実態把握・子ども理解と指導計画について……176
　第3節　保育者としての質を向上させるために ………………………………… 180
　　1　マクロな視点でものを見つめる……180
　　2　ミクロな視点で子ども・保護者を見つめる……181
　　3　「私」の生きる社会で子どもを育てる保育を考える……183

第10章　保育者の専門的成長を考える　　185
　　　　　──諸外国が捉える「保育の質」の観点から

　第1節　「保育の質」について考える ……………………………………………… 186
　　1　「保育の質」とは──〈過程の質〉と〈構造の質〉……186

2　〈過程の質〉と〈構造の質〉の関係性について……189
　第2節　専門家としての保育者であり続けるために……………………… 191
　　1　保育者としての資格要件について……191
　　2　現職研修のあり方について……196
　第3節　保育の専門家として成長し続けるために ……………………… 199

第1章

先達に学ぶ保育実践と保育のあゆみ

第1節 日本に伝えられたフレーベルのキンダーガルテン実践

1 "幼児教育の父" フレーベル

1837年，ドイツのブランケンブルクという小さな町で，フリードリッヒ・フレーベルは，「自己教授と自己教育に導く直観教授の施設」を開設し，子どものための「恩物」を考案しました。そして1840年には，子どもと母親が集い，遊びによる教育を学ぶ「キンダーガルテン」（Kindergarten；以下，幼稚園と表記）を創設したのです。その後，幼稚園はフレーベルの教えを受けた弟子たちによってヨーロッパの国々やアメリカなどで開設されました。当時のヨーロッパは産業革命の進行に伴い，家庭での子育て機能が壊され，十分な育児が受けられない貧しい家庭の乳幼児が増加していました。

そのような社会状況にあって，フレーベルは人間教育の基礎としての乳幼児期にふさわしい教育のあり方を追求したのです。フレーベルは，「自らの足で神の土地と自然のなかに根を下ろし」，「大地と自然の想像力にあふれた生命と天の明瞭さや平和」を統合することができる人間の育成をめざして，乳幼児期の教育を構想していました。主著である『人間の教育』（1826年）のなかで，すべての人間に神性がやどっており，「人間は神に似せられて創造された」という聖書の教えに基づき，その本質は善であると主張しました。したがって，子どもの教育のあり方は「受動的・追随的」であるべきで，「命令的・規定的・干渉的」であってはならないとしました。また，フレーベルはこの本のなかで，幼児期の遊びの大切さを指摘し，遊びは幼児期の人間の最高の表現であると記しています。このような考え方は，現在の保育においても大切にされていることです。その後，フレーベルとその協力者たちによって，子どもの遊びの伝習や遊びのための何種類もの教材（恩物）が開発され，普及していきました。フレーベルは『人間の教育』のほか，『母の歌と愛撫の歌』（1844年）や『リナはどのようにして読み書きを覚えるか――いつも喜んで活動したがる子どもたちのための美しい物語』（1850年）などの著作を残しています。しかし，教育思想家というより，教育実践家であったフレーベルは，自分

→1 フレーベル（Fröbel, F. W.; 1782-1852）ドイツの教育者で，世界で最初の幼稚園を開設した。「幼児教育の父」と呼ばれる。彼の哲学的な人間教育に根差した教育思想は，世界の幼児教育界に普及し大きな影響を与えた。著書に『人間の教育』（1826年；荒井武（訳），岩波書店，1962年）などがある。

→2 恩物（Gabe）フレーベルによって考案製作された，幼児のための机上で操作できる程度の小型の遊具。第一恩物は6色のボール，第二恩物は球体・円柱体・立方体の回転，第三～第十恩物は積み木である。生活の形式，美の形式，認識の形式の保育内容があるが，この形式は一例で，フレーベルは子どもが自由に遊ぶことを奨励していた。岡田正章・千羽喜代子編『現代保育用語辞典』フレーベル館，1997年，pp. 56-57。

の教育についての考えを広めるために発刊した週刊誌『日曜誌』での実践発表と，弟子たちとの実践を報告しあう往復書簡によって，幼稚園での指導法を多様化させていったのです。

その後，幼稚園の教育内容は，ドイツ国外に広がり，日本にも伝えられました。その内容は，戸外での砂遊び，畑での仕事，音楽や歌を伴った遊戯とお話，ボールや積み木遊び（恩物），切紙細工等の作業等でした。そして，それらは現在の幼児教育の原型となっています。

2 草創期の幼児教育と最初の幼稚園開設

幼稚園開設の構想とともに，幼稚園や小学校における教育のために，女子教員の養成の準備も進められ，明治8（1875）年に東京女子師範学校が開設されました。その1年後，明治9（1876）年11月16日に日本の最初の幼稚園である東京女子師範学校附属幼稚園（現・お茶の水女子大学附属幼稚園）が開設されました。明治11（1878）年には，東京女子師範学校に保姆練習科が設置され，保育者の養成も開始されました。これは，田中不二麿と中村正直の尽力によるものでした。近代国家への道を歩み始めた日本にとって，行政のリードがなければ幼稚園の開設は不可能だったのです。田中不二麿は，明治4（1871）年11月から約1年4か月間，文部省理事官として欧米の教育事情を視察しましたが，そのことが後の附属幼稚園開設の構想の契機となりました。

東京女子師範学校摂理（校長）となった中村正直は，イギリスに留学した知見をもとに，女子教育や幼児教育，障害児教育などの分野で先駆的な役割を果たしました。中村はヒューマニズム的な教育思想の持ち主で，「神を敬い，人を愛する」ことを説く「敬天愛人説」を提唱しました。中村が近代国家にふさわしい新しい国民意識を形成しようとした教育活動と幼稚園開設に力を注いだ背景には，キリスト教に根差した人間愛の思想があったと考えられます。

明治9（1876）年11月16日東京女子師範学校附属幼稚園が，関信三を監事（園長），松野クララを主任保姆として，豊田芙雄ら日本人保姆数名で，園児75名を迎え開園しました。開園翌日の「読売新聞」第547号は，その日の幼稚園の状況を次のように伝えています。

女教師（松野クララ）は子どもの気の向いたように遊ばせながら物を教えますが，…中略…女教師もまだ日本の事情を知らず，何し

第一恩物六球法

第二恩物三体法

▶3　シュプランガー，小笠原道雄・鳥光美緒子『フレーベルの思想界より』玉川大学出版部，1983年，p. 50。

▶4　関　信三（1843-1879）
東京女子師範学校附属幼稚園の初代監事（園長）。語学に堪能で，主任保姆の松野クララの通訳を務める一方で，『幼稚記』（1876年），『幼稚園創立法』（1878年），『幼稚園法二十遊嬉』（1879年）などの，当時幼稚園に関する翻訳や著作を著し，日本の幼稚園を形づくり，保育者の育成に力を注いだ。

▶5　松野クララ（1853-1941）
東京女子師範学校附属幼稚園の創設当時の主任保姆で，わが国における幼稚園教育の基礎を築いた。1876年に結婚のためドイツから来日し，結婚後松野姓となる。

➡6　豊田芙雄（1844-1941）
東京女子師範学校附属幼稚園の創設にあたり，わが国最初の保姆となる。

➡7　読売新聞第547号（明治9年11月17日付）。清水陽子「草創期の幼稚園教育における豊田芙雄の理論と実践（甲南女子大学博士論文甲第15号）」2011年，p. 4。

➡8　文部省示諭
明治15（1882）年に出された，教育全般に関する文部省の基本方針を説明した文書。

ろ始めてすることゆえ，まず3，4か月生徒を教えて見た上でなければ規則や等級もわからず，いずれ3，4か月たちましたら，本当の開業式があって定めて盛大になりましょう。

　この記事が示す通り，この時松野クララは来日して日も浅く，日本の幼児の実態をほとんど知りませんでした。また，松野クララがドイツでは経験したことのない大人数の幼児の集団に対して，幼児の主体性を尊重した遊びを通して教育をするという方法は，無理があったことでしょう。

　私たちがこのことから学ばなければならないのは，幼稚園の規則によって運営が開始され，幼稚園の1日の生活の枠組みが決まっていても，実質的な幼稚園の内容や方法は，子どもたちの状況をよく把握しなければ決定できないということです。そして，日本の子どもたちの実態に合わせて，毎日の実践をつくりだしていったのは，保育を実際に担当した日本人保姆の豊田芙雄たちだったのです。

　当時は学齢未満児の小学校入学が問題となっていたこともありました。「文部省示諭」は「幼稚園の性質たる学校と同じからず」と幼児教育の独自性を説いていますが，小学校が導入されたばかりの時代に，幼稚園が小学校とは異なり，遊びによる教育をする幼児教育施設であることを，一般の人々に理解されるのは難しかったといえます。そのなかで，日本のキンダーガルテン実践は，現場の保育者の努力により，日本の遊び文化を取り入れ，試行錯誤を重ねつつその形がつくられていったのです。

3　関信三のフレーベル理解と保育観

　関信三は，「幼稚園」に対する認識が混沌としている日本で，初めて開設された東京女子師範学校附属幼稚園の初代園長であり，フレーベルの「恩物」の最初の紹介者として知られています。

　フレーベルにとって子どもの活動はすべて創造的なものであり，同時に子ども自身のうちに秘められた神的なものの自己表現とされます。この「自己活動」から教育的玩具「恩物」が，フレーベルによって考案されました。関は恩物を「恩恵により仏や父母から賜った物」という仏教的意味により恩物と訳しました。このようにフレーベルの「幼児のなかに神性をみる」という子ども観に，仏教の僧侶であった関信

三も共感し感化を受けました。関は，この幼児教育思想をもとに，日本の幼稚園を築き上げようとしたのです。このような経緯により，「遊び」を通して，子どもの運動能力や想像力・思考力や主体性を伸ばすことが，幼児教育の根本となりました。

「幼児の教育を，人類の幸福と自治という世界への広がりの中で考える[9]」という深い意味をもったフレーベルの「子ども」という存在へのまなざしは，幼児期にふさわしい教育を模索する近代日本の教育課題に対して，応えるものだったのです。そして，フレーベルの提唱した幼児の教育の中心に遊びを置くこと，指示的教授ではなく自発的で自由な活動を尊重することは，現代の日本の幼児教育に継承されたのでした。

[9] 国吉栄『幼稚園誕生の物語──「謎者」関信三とその時代』平凡社，2011年，p. 18。

4 豊田芙雄による2番目の幼稚園開設と幼稚園の普及

最初の幼稚園が東京に開設された3年後の明治12（1879）年，鹿児島県からの依頼により，東京女子師範学校附属幼稚園保姆の豊田芙雄が出張し，鹿児島女子師範学校保育見習科と日本で2番目となる附属幼稚園（現・鹿児島大学教育学部附属幼稚園）を開設しました。

豊田は開園後の翌年6月に帰京しますが，当時県令（知事）だった岩村通俊に，「幼稚園教育の目的は，表面的な教育の成果にこだわらず，幼児の生まれつきもっている天性ともいうべき資質や個性を伸ばすことと，幼児の想像力を広げることです」との建白書を送っています[10]。豊田のこの言葉には，松野クララや関信三から教授されたフレーベル主義の保育観の影響をみることができます。また，豊田は，園庭には実のなる木を植えることや，世界地図か日本地図を幼稚園に購入するように，書き残していました。環境構成を通して，幼児に身近な自然への関心とともに，より広い世界への関心を育てようとした，豊田の教育的意図を知ることができます。

鹿児島県では，豊田芙雄が帰京後のことを考慮し，明治12年（1879）年5月に鹿児島女子師範学校本科生から2名を選び，東京女子師範学校保姆練習科に派遣しました。この当時，大阪からも保姆見習生が同校保姆練習科に派遣され，同じく明治12（1879）年に大阪府立模範幼稚園が開設されましたが，4年後（1883年）には廃園になりました。幼稚園が開設されても存続自体が難しい時代でしたが，明治17（1884）年には，学齢未満児の就学が禁止され，簡易幼稚園の設置

[10] 前村晃・高橋清賀子・野里房代・清水陽子『豊田芙雄と草創期の幼稚園教育』建帛社，2010年，pp. 300-301。

も進められるようになりました。その結果，明治21（1888）年には91園（官公立73園，私立18園）と次第に全国に幼稚園は広がり，その数も増加していったのです。

第2節 キリスト教保育の実践と保姆養成

　日本の幼稚園は，最初の幼稚園が官立であったように，公立指導型で出発しましたが，明治20年代になると，婦人会や母の会等の女性たちの要望が高まり，全国各地で私立の幼稚園が次々開設されていきました。

　特に，キリスト教会の婦人会やキリスト教系の女学校の卒業生が協力し，アメリカ・カナダから派遣された婦人宣教師とともに，幼稚園を開設したことも，日本の幼児教育の発展の大きな力となりました。

1　明治中期以降の社会的変化と幼稚園の開設状況

　明治12（1879）年に日本で2番目に開設された鹿児島女子師範学校附属幼稚園は，地方における幼稚園開設の1つのモデルを示しました。そして各地の県立女子師範学校における保姆養成や附属幼稚園の開設が全国に広がっていき，明治20（1887）年には，国公立幼稚園53園，私立園14園，総計67園となりました。[11]

　この頃になると社会の状況も変化し，明治初期は米作中心の農業が中心でしたが，明治20年代になると，殖産興業により農業人口が減少してきました。さらに，物価の高騰や日清・日露戦争が農民の生活を窮乏化させたといえます。兵庫県の例をみると，これらの戦争前後から農家戸数農業人口が半数を割り，次第に工業生産が発展し，労働者人口が増加していきました。鐘ヶ淵紡績兵庫工場では，乳児を抱えた女工のために企業内保育が開始されました。日露戦争に際し，出征軍人の家族のために，神戸婦人奉公会が市内に7か所の出征軍人児童保管所を開設するなど，民間の努力により保育所が増えていきました。

　特に，明治5（1872）年に神戸港が開港して以来，マッチ製造と製茶が輸出産業として急速に発展してきました。町のはずれに建てられた工場の周辺には，貧困家庭の子どもが放置されていました。このような子どもたちのために，明治27（1894）年に民家を借りて，キリス

[11] キリスト教保育連盟百年史編纂委員会（編）『日本キリスト教保育百年史』キリスト教保育連盟，1986年，p.108。

表1-1 年次別全国幼稚園数

年次（年）	国立	公立	私立	合計
1890（明治23）	1	98	39	138
1895（明治28）	1	161	57	219
1900（明治33）	1	178	61	240
1905（明治38）	1	180	132	313
1910（明治43）	1	216	258	475
1915（大正4）	2	234	399	635
1920（大正9）	2	261	465	728
1925（大正14）	2	347	608	957
1930（昭和5）	2	478	1,029	1,509

出所：キリスト教保育連盟百年史編纂委員会（編）『日本キリスト教保育百年史』キリスト教保育連盟，1986年，p. 163より抜粋。

ト教の婦人宣教師タムソンと青木まつたち数人のキリスト教信者で無料幼稚園が開設されました。園名は，地域の「よき隣人」となり社会を改善していくことを設立の理念として掲げ，聖書にちなんで「善隣幼稚園」と名づけられました。善隣幼稚園は明治32（1899）年に新園舎を建築し，幼稚園の認可を受けました。

また，明治32（1899）年には「幼稚園保育及設備規程」が制定され，1園の幼児数は100人以内，建物は平屋造り，運動場は幼児1人につき1坪以上と定められました。保育の項目は，遊嬉，唱歌，談話及び手技と公式に規定され，恩物は手技の教具として位置づけられました。この頃から私立幼稚園の数が急速に増加しました。

明治33（1900）年に東京麹町に，二葉幼稚園が2人の日本人保母によって貧困家庭の幼児を対象とする無料幼稚園として開設されました。この2人のうちの1人は，東京女子高等師範学校を卒業し，華族女学校附属幼稚園で保姆をしていた野口幽香で，もう1人は，アメリカカリフォルニアの保育者養成校に学んだ森島峰でした。森島は，無料幼稚園について学び，アメリカでの幼稚園運動の影響を受けていました。2人はキリスト教信仰によって「フレーベルの理想通りにやってみたい」との一致した保育の志のもと，二葉幼稚園の開設に踏み出したのでした。

前述の神戸の善隣幼稚園は，その後明治44（1911）年から，入園希望者の増加により午前と午後の二部保育を実施するようになりました。夕方からは，児童を対象とした金曜学校や少年少女のクラブ活動，両親の会など広範囲のセツルメント的活動がなされ，地域の人々の福祉に貢献しました。

▶12 日本保育学会（編）『日本幼児保育史（第2巻）』フレーベル館，1968年，p. 217。

▶13 セツルメント
生活困窮地区に市民生活の向上を願う人たちが定住し，地域社会の向上と住民の生活向上のために助力する総合的な隣保事業。従来の慈善事業と異なり，人々が互いに協力して問題を解決しようとする組織づくりの運動で，19世紀後半に盛んになった。1884年にイギリスのロンドンにバーネット（Barnet, S. A.）が中心となって設立したトインビー・ホールが世界最初のセツルメントとされる。日本においては，1891年に岡山県花畑で，アメリカの婦人宣教師アダムス（Adams, A. P.）によって創設された岡山博愛会が，セツルメントの先駆である。

このように明治中期以降になると，全国的に幼稚園の数が増加し福祉的な役割をもつ幼稚園も開設されて，幼児教育の必要性や重要性が次第に社会的に認識されてきました（表1-1参照）。その背景には，1870年代以降，アメリカの次世代の健全な育成を目的とした無償幼稚園運動の影響を受けた，キリスト教関係者のボランタリーな事業に負うところが多かったのです。

2　キリスト教保育の保育者養成と幼稚園の保育内容の特徴

　日本で最初のキリスト教保育の幼稚園は，明治13（1880）年に東京麹町の桜井女学校内に開設された桜井女学校附属幼稚園です。設立者の桜井ちかは，女子教育における「育児」の教科目を重視し，学生が幼児教育の実際を学べるように，附属幼稚園開設に着手しました。桜井女学校附属幼稚園では，東京女子師範学校附属幼稚園をモデルとして，フレーベルの恩物を使用して保育を実践しました。その後，桜井ちかは牧師であった夫とともに北海道への伝道のため東京を離れることになりました。その後任となった婦人宣教師ツルー（True, M.）によって，明治17（1884）年9月に，桜井女学校幼稚保育科が開設されました。このように，キリスト教保育は，アメリカで幼児教育を学んだ婦人宣教師たちによって保育者の養成も早い時期から開始しました。

　桜井女学校附属幼稚園の保育の一端を記すと，当時のアメリカの幼稚園で歌われていたメロディで，「お月様の歌」や指遊びの歌などフレーベルの「母の歌と愛撫の歌」を英語で歌っていました。それは従来の雅楽調の保育唱歌と違い，幼児にとって親しみやすいリズミカルな歌でした。

　また，ツルーは「学問も大事だけれども，デモクラチィクな生活を覚えることが大事である」と言って，生活に関することはみんなで相談してきめるように教え，生活のなかでの教育を大切にしたと言われています。掃除や行儀作法は厳しく指導するとともに，学生の自治の訓練も重視し，人間としての自立をめざした女子教育を実践しました。

　この当時の保育者養成は，幼稚園の見習いや短期の養成が大半を占めていましたが，キリスト教の保姆養成機関はより専門的な保姆の養成を構想していました。そのなかでも，明治22（1889）年に，神戸の頌栄幼稚園と保姆伝習所を開設したハウの働きは，日本の幼児教育界に大きな影響を与えました。ハウは「幼稚園の唱歌」（1892年），「保

▶14　女子学院（編）『女子学院五十年史』p. 80。

▶15　ハウ（Howe, A. L.; 1852-1943）
アメリカの婦人宣教師。ロックフォード女子専門学校音楽科卒業後，シカゴ・フレーベル協会保姆伝習学校で学び，シカゴで私立幼稚園を開設し，9年間幼稚園教育に携わった後，来日した。日本における真の意味でのフレーベルの幼児教育思想の展開をはかった先駆者と位置づけられている。

育学初歩」(1893年) のほかにも，幼児のための歌やフレーベルに関する著書を翻訳し，フレーベルの保育理念を紹介しました。また，ハウはキリスト教保育の幼稚園や養成校で働く婦人宣教師に呼びかけ，明治39 (1906) 年に，全国各地のキリスト教幼稚園・保育所・養成機関の相互連携のために協力することを目的とした，日本幼稚園連盟 (Japan Kindergarten Union；以下，J. K. U.と略) を設立しました。ハウは，自らJ. K. Uの初代会長を務め，また万国幼稚園連盟 (International Kindergarten Union；以下 I. K. U.と略す) に加入し，その日本支部長として，わが国の幼児教育界の発展に大きく寄与しました。

なお，設立当初 J. K. U.に加盟した幼稚園が私立幼稚園に占める割合は，約3割にものぼっていました。これは，幼稚園の開設のための法令等を英文に訳して配布したり，養成機関をもっていないキリスト教保育の幼稚園に，保姆を紹介するなど加盟園と養成校との連携が密であったことなどが，要因としてあげられます。

3 J. K. U.による保育の実践研究

J. K. U.設立時に，ハウが会長挨拶で，日本の保育界の結集及びアメリカの保育界との連携を呼びかけたように，アメリカの幼稚園事情の研究がなされていた様子が，J. K. U.の活動のあゆみを記した年次報告書に記されています。また，ハウをはじめ J. K. U.の会員たちは，I. K. U.からの情報を得て，1900年代に入りアメリカにおいて活発になったフレーベル主義批判の中心になった遊びと，モンテッソーリによって提唱された「幼児の自由」を，自分たちの保育実践にどのように生かしていくか検討しました。1917年の総会では，マクドウェルが「私たち保育者は教える内容を詰め込みすぎて幼児の遊びに対する興味を十分組み入れていないように思う。幼児の遊びの興味に基づいてつくられた保育の計画は，教師が綿密に計画したものよりはるかに幼児にふさわしい活発なものである。完璧に立案された計画に従わせようと幼児に強制するよりも，時間をかけて幼児理解につとめ，計画の方を幼児の興味にあうようなものに改善したいものである」と研究報告をしています⮕16。これは，「教育は規定したり型にはめたり，干渉したりするものではなく，受動的で子どもに従うものでなければならない」とのフレーベルの理念が保育の基盤にあったことを示しています。また，大正15 (1926) 年に出された幼稚園令を英訳し会員たちに配布

⮕16 Mcdowell, J. (1917). *The Kindergarten Schedule.* J. K. U., p. 14に原文掲載。清水陽子「キリスト教主義幼稚園における個性尊重の保育に関する歴史的考察」日本保育学会『個性と保育 保育学年報1990年版』1990年，p. 105から引用。

したことが，J. K. U. の議事録に残されています。このようにして日本の保育の理解に努めつつ，子どもの意思を尊重する保育研究を継承していったのです。

第3節　真の「保育」を模索した大正・昭和期

1　アメリカの新教育運動の影響

　日本での「幼稚園」をはじめとする子どもの施設の急速な広がりに先立って，アメリカでは1855年フレーベル主義に基づく幼稚園がシュルツによって開設されました。続いてピーボディによって1860年にフレーベル主義に基づく幼稚園がボストンに開園しました。ピーボディらの尽力により，全米各地にフレーベルの幼児教育思想は普及していきましたが，後に不十分なフレーベル理解とされるような状態での展開であったため，フレーベルの精神が息づく「kindergarten（子どもの園・庭）」としての幼稚園とはほど遠いものでした。

　このように日本でもアメリカでも，「幼稚園」の創設期はフレーベル主義への，特に理論と実践方法への十分な研究と理解がなされないまま進展していきました。しかしここで改めて述べておきたいことは，日本の関信三にしても，アメリカのピーボディにしても，フレーベルの「子ども」という存在への豊かなまなざしと，乳幼児期の教育の大切さに共感し，真に人間存在の育ちと学びの原点として，「kindergarten」を展開しようと試みたということです。このことは現代の私たちが，真の「保育」を求め続ける営みにおいても忘れてはならない原点でもあります。そしてこの課題は，現代にもつながる「保育」の本質を確かめ続けた代表者であるジョン・デューイや倉橋惣三らを生み出した土壌ともなったのです。

　フレーベルの「kindergarten」については，本質的な課題とフレーベルの言葉や，子ども本来の「遊び」ではなく「恩物」の扱い方や活動の形式にとらわれすぎた「保育」のあり方を根本から問い直す改革運動が世界各地で起こってきました。それを「新教育運動」といいます。この新教育運動の核心は，フレーベルの唱えた人間存在の豊かな育ちと学びにおける，子ども期の主体的な活動としての「遊び」を通

➡17　シュルツ（Schurz, M.; 1833-1876）フレーベルの幼児教育の思想をアメリカにもたらした。アメリカ合衆国内で最初のドイツ語で教える幼稚園を開設。

➡18　ピーボディ（Peabody, E.; 1804-1894）アメリカ合衆国内で最初の英語による教育が行われる幼稚園を開設。

しての教育の意義の確かめ，「保育」の本質的なあり方を創造するというものです。この改革の中心的人物が，現代教育の偉大な指導者であるジョン・デューイです。デューイ[19]が，既存の伝統的な教育を批判した視点は，教育の中心が「子ども」ではなく，教師や教材（たとえば「恩物」の扱い方や形式にとらわれてしまっていること），あるいはその他「子ども」以外にあることです。このような状況に対して，デューイは「児童中心主義」を宣言するのです。その宣言は，見方を180度転回（天動説から地動説へ）させたコペルニクスになぞらえ，新しい教育の理念を明確に表していました。その宣言の内容は，「いまやわれわれの教育に到来しつつある変革は，重力の中心の移動である。それはコペルニクスによって天体の中心が地球から太陽に移されたときと同様の変革であり，革命である。このたびは子どもが太陽となり，その周囲を教育の諸々のいとなみが回転する。子どもが中心であり，この中心のまわりに諸々のいとなみが組織される」[20]というものでした。このデューイを新しい教育の理論的支柱として「新教育運動」は広がっていきました。デューイは，子どもの興味・関心や自発性を尊重し，子ども自身による作業や活動を提唱しました。

　そして，デューイは自分の教育理論を実際の教育活動のなかで検証するためにシカゴ大学の実験学校（デューイ・スクール）という「場」を創設し，理論と実践を展開しました。デューイは，フレーベルの教育思想を幼稚園以上の教育段階にも中核に据え，人間存在の育ちと学びを支える「学校」としての「場」の創造をめざしました。その意味で，デューイはフレーベルが成し得なかった全人的な「教育」を組み立てる「場」を創り出すということにおいて，フレーベルの偉大な継承者であるともいえるでしょう。

　しかしデューイはフレーベルの問題点も指摘します。それはフレーベルの方法は象徴主義的で，今日の心理学などの科学的な根拠に照らして誤りが多いというものです。デューイは，私たちがフレーベルから受け継ぐべきものは，その方法ではなくフレーベルの精神であると明確に表現したのです。これは現代に生きる私たちにとって，とても示唆に富んだものだといえます。このデューイの視点は，いうなれば「不易流行」[21]ということです。「不易流行」とは，変わらずに大切なこと，本質的なことは，その時代や環境に応じて変化し続けることで，絶えず新しく，そして時代を超えて受け継がれていくということです。

　フレーベルとは異なる時代と環境を生きるデューイにとって，フレ

---

[19] デューイ（Dewey, J.; 1859-1952）アメリカの哲学者，教育思想家。環境との相互作用を基盤として経験が構築され，その積み重ねによって経験は再構築されることを教育の基本とした。既存の教育に対して，「児童中心主義」を提唱し，コペルニクス的転回（180度の転回）をもたらした。

[20] デューイ，宮原誠一（訳）『学校と社会』岩波書店，1957年，p.45。

[21] 不易流行
世阿弥が「風姿花伝」のなかで提唱した芸術論で，それを松尾芭蕉が引き継ぎ俳諧の理念の一つとした。「不易」は永遠に変わらない，伝統や芸術の精神。「流行」は新しみを求めて時代とともに変化するもの。相反するようにみえる流行と不易も，ともに根ざす根源は同じであるとする考え。

ーベルの思想に普遍的な意味を見出し，それを今に生きる形で組み立て，実践したということです。

2　日本における「幼稚園」の改革と倉橋惣三

　日本における「幼稚園」の改革は，倉橋惣三[22]を中心として進められました。倉橋はアメリカの新教育運動に学びながら，本来のフレーベル主義に基づく「保育」への研究を深めました。そして児童中心主義の思想を消化し，新しい独自の保育方法を打ち出しました。それはいままでの外国から輸入された理論から脱却し，日本独自の保育理論の創造という意味をもつものでした。倉橋は輸入されたフレーベル主義の陥っていた「恩物」の扱い方や活動の形式にとらわれすぎた保育，教師中心の「教えすぎる保育」の打破を著書『幼稚園雑草』（1926年）のなかで訴えました。ついで『幼稚園真諦』（1934年）において，「幼稚園というところは，生活の自由感がゆるされ，設備が用意され，懇切，周到，微妙なる指導心を持っている先生が，充実指導をして下さると共に，それ以上に，さらに子供の興味に即した主題をもって，子供たちの生活を誘導して下さるところでなければなりません。ところで，設備と自由とによる自己充実から，直接の個人的充実指導位までは，家庭でもいくらか出来ることですが，誘導となると，一般家庭ではむずかしいことです。これを相当大仕掛けにやっていけることに，幼稚園の一つの存在価値があるといってよいのです」[23]と子どもの生活の尊重と「自己充実」を第一義とする保育理論「誘導保育」[24]を構築しました。倉橋は，単に輸入された理論を実践するのではなく，その本来性を確かめ，独自の保育理論を構築し，日本の保育に基本的な方向づけをしました。それは現代においても評価され，受け継がれています。そして倉橋が行った保育の研究は，まさに「不易流行」の営みです。

3　先人たちに学ぶ真の「保育」の使命

　現代に生きる保育者にとって，デューイや倉橋惣三に代表される偉大なる保育の指導者に学ぶべきは，この「不易流行」のまなざしと実践による確かめではないでしょうか。フレーベルに始まる幼稚園の歴史，そこで展開される「保育」という営みは，先人たちによって，模

[22] 倉橋惣三（1882-1955）
大正期，昭和期を通した保育界の代表的指導者。日本における「幼児教育の父」と呼ばれる。1948年に日本保育学会を創設。

[23] 倉橋惣三『幼稚園真諦（倉橋惣三選集第1巻）』フレーベル館，1965年，pp. 45-46。

[24] 誘導保育
倉橋が1930年代に構築した保育理論であり，子どもの興味・関心に基づいた主題を設定することによって，子どもを能動的な生活へと導くというもの。

索され続けてきました。子どもをめぐる研究は日々進展し，科学的に明らかになり続けています。そして保育方法も進化し続けています。そして私たちは，その新しさにのみに目を奪われ過ぎてしまうことが多々あります。いわゆる「流行」にばかり目を奪われ，そのことだけを追い求めてしまうという危険性です。それは「保育」として確かめ続けられてきた願いや意義が見失われてしまう危険を孕んでいます。私たちは常に新しさにも目を向けながら，同時に一つひとつの実践の場が，真の人間存在を保育する「場」として創造され続けるという使命を担っているのです。

第4節 民主的な人格の育成をめざした戦後の保育実践

1 平和国家への願いと敗戦直後の保育・教育

　第二次世界大戦は，出征した兵士たちが悲惨な状況にあっただけではなく，空襲・沖縄戦・原爆の投下など多くの一般市民が巻き込まれ，国民は敗戦後，多大な苦労を背負うことになりました。

　この戦争に対し，教育界は戦時体制下の状況に抗うことはできず，結果として，自分たちの教え子たちを戦争に駆り立て，生活の苦労を背負わせてしまったといえます。このことに対する大きな反省が，戦後の教育界にはありました。

　さらに，連合国によって，民主化が進められました。戦後の日本の教育は，二度と戦争を起こさないために，民主主義を理解し，実践する人間を育てることを使命として歩み始めたといえるでしょう。

　文部省は，学校教育法の規定を受けて，1948年に「保育要領——幼児教育の手引き（昭和22年度試案）」を発表しました。これは，現在の幼稚園教育要領にあたるものであり，作成には，倉橋惣三，山下俊郎[25]，坂元彦太郎[26]などが関わっています。この頃は，幼保一元化も模索されていたので，長時間保育の項目もあります。ここでは，まず「まえがき」で，「教育基本法に掲げてある教育の理想や学校教育法に示してある幼稚園の目的やその教育の目標や教育の一般目標など，こうした社会の要求をはっきりとわきまえ，その実現につとめなければならないと同時に，この目標に向かっていく場合，あくまでも，その出発点

[25] 山下俊郎（1903-1982）
昭和期の心理学者。愛育研究所所員として愛育幼稚園を設立。文化的・社会的行動様式の基礎を身につけるために，幼児期の基本的習慣を重視した。

[26] 坂元彦太郎（1904-1995）
教育・保育学者。第二次世界大戦直後の教育改革において，文部省青少年教育課課長などの立場で，学校教育法における幼稚園の目的を「保育」とするなど，幼児期の特質を法的に明確にすることに尽力した。

[27] 宍戸健夫『日本の幼児保育（下）』青木書店，1985年。

となるのは子どもの興味や要求であり，その通路となるのは子どもの現実の生活であることを忘れてはならない」と述べ，児童中心主義を理念として「自由遊び」を保育実践の中心に置いています。

また，「幼児の1日の生活」の「幼稚園の1日」でも，「自由な遊びを主とするから，1日を特定の作業や活動の時間に細かく分けて，日課をきめることは望ましくない。1日を自由に過ごして，思うままに楽しく活動できることが望ましい」として，標準的な1日のプログラムに「登園」「朝の検査」「自由遊び」「間食と昼食」「休息と昼寝」「集団遊び」「排便・排尿」「帰りじたく」をあげ，保育時間も特に規定していません。

「自由遊び」の内容を見てみると，「朝の検査が済んだら，園庭や保育室で幼児にとって楽しい自由な活動が始まる。幼児が思う存分全身を動かして愉快に遊び，のびのびした精神と身体を養成することができるように十分な設備を整えておく必要がある。また教師はこの時間に幼児の個性をよく知り，各自に必要な指導を与えるべきである。幼児を一室に集め，一律に同じことをさせるより，なるべくおのおの幼児の興味や能力に応じて，自らの選択に任せて自由に遊ぶようにしたいものである。興味のない事柄を教師が強制することは好ましくない。自己表現・自発活動を重んじ，草花の栽培，動物の飼育やそうじの手伝い等を楽しむ習慣をつけなければならない」と述べられています。

また，保育内容は「幼児の保育内容——楽しい幼児の経験」として，「1見学」「2リズム」「3休息」「4自由遊び」「5音楽」「6お話」「7絵画」「8製作」「9自然観察」「10ごっこ遊び・劇遊び・人形芝居」「11健康保育」「12年中行事」の12項目があげられています。

このように「保育要領」は，日本の保育全体が，児童中心主義を理念として実践することを求め，そのためにはどのような考え方が必要かを明確に示したものであると言えるでしょう。

しかし，1956年に作成された幼稚園教育要領では，経験主義を否定し系統学習を強化した小学校との一貫性をもたせようとしたために教科主義的な傾向がひろがり，児童中心主義から内容に重きを置いた「ねらい」中心の保育へと転換しました。

2　1950年代に起こった児童中心主義への批判

小川正通（奈良女子高等師範学校）は，1948年の日本保育学会第1回

> [!note] 28 宍戸健夫『日本の幼児保育（下）』青木書店，1985年，pp. 111-131を参考。

大会で「『保育要領』批判」と題した研究を発表しています。そこでは，「保育要領」は，自由主義保育，個人主義保育を主張しており，それは，幼稚園は集団生活の場であるという立場からすると「やや一面観に陥っている傾きがある」と述べています。つまり，児童中心主義は，子どもの基本的人権を尊重する立場には立っていますが，なすがままの自由放任になってしまうと，子どもの社会性が成熟しない危険性があると批判したのです。

そして，幼児も社会的存在であり，社会人であり，また社会人に発展しつつあると考えるところから出発し，個人を尊重しつつ民主的社会の一員として，その生活のなかに，社会に対する理解と態度と能力を養うとして，「社会中心主義」を主張しました。

また，保育実践においても，「個性」は幼児期に完成したものではなく，これから育っていくものなので，「自由遊び」だけでなく「設定保育」も必要であり，そのための保育カリキュラムの必要性を説きました。これは，「子どもが遊びとその発展の中からプロジェクトを見出し」，これを個人的にも共同的にも教師の指導のもとに進めていくという「作業的・プロジェクト的な生活単元」による実践を提起しています。

> [!note] 29 単元
> 学習内容のひとまとまりのこと。特にこの場合は，子どもの経験によって生み出された一つのまとまりに基づいて保育を行うこと。

たとえば，「動物園に一同で見学した子どもたちは，自由遊びも自然にそれにちなんだことが多く，そのうちに『動物園遊びをしよう』ということになっていくであろう。それは，教師にとっては，予想された子どもたちの活動であり，予定されていた生活単元活動でもある」というものです。そこには教師の助言によって粘土で動物をつくったり，木や積み木で枠や小屋をつくったりという「作業単元」，動物によって食べ物が違うのかなど知的解決を要する「問題単元」，動物に関する音楽リズムの指導を教師が指導するなどの「系統単元」などがまとめられることになります。つまり，子どもの経験をもとに，さまざまな活動を展開するようなカリキュラムを提唱したのです。このために教師は，単元（主題）の設定，その展開・指導法，効果の判定についての計画をもっていることが求められます。

さらに，集団生活のなかに，幼稚園・保育所で必要な習慣だけではなく，本来家庭で養われるべき習慣さえ，集団の力によって自然に養われるところに集団保育の意義があることを主張し，集団生活の意義を明らかにしました。

このように小川らが「児童中心主義」から「社会中心主義」へと，

教育を社会生活と結合させようとしたことは，児童中心主義から一歩進んだものとして評価されました。しかし，敗戦直後の荒廃した社会状況では，子どもたちの厳しい現実を切り拓く力にはならないという批判にさらされることになりました。

3 1960年代に誕生した「伝えあい保育」

　戦前，東北地方を中心に，厳しい貧困状態にある子どもたちに対して，国定教科書による固定化された非現実的で一方的な教育を否定し，現実の生活を見つめ，その現実の生活改善を模索する方法の一つとして始まったのが「生活綴方教育」運動です。これが，戦後の荒廃した状況において，学校教育だけでなく就学前の乳幼児期でも子どもの発達の現実を重視した幼児教育として取り組まれ始めました。

　ここから，畑谷光代らの豊川保育園の実践が生まれています。これは，①集団生活のなかでの問題を取り上げ，話しあい，考えあい，その原因を明らかにし，その解決のために協力しあっていく問題解決のための「話しあい保育」，②問題を話しあうという集団思考を通して，事実をリアルに把握させようとするリアリズムの保育，③話しあいを伝えあうことで，子ども同士の相互理解を深め，仲間意識や協力しあう関係を育てる集団づくりの保育，④みんなで決めた共通の目的に向かって，計画を立て共同しながら取り組むプロジェクト活動の保育という点にその特徴があります。

　この実践は，乾孝らの「伝えあい」の心理学を基礎とすることによって「伝えあい保育」へと発展しました。ここでの「伝えあい」とは，言葉による伝えだけではなく，感性を含めた「感情ぐるみ」であり，相手の体験とのつながりができることによって「通じた」というレベルまで深めることであると言えるでしょう。

　さらに，畑谷は，保育者の伝えあい，保護者の伝えあいにも目を向けています。保育者の伝えあいにおいては，仲間意識とか権利意識などを基底とした「相互批判と技術のつたえあい」を重視しています。保育実践を高めていくうえでは，園内はもちろんのこと園外の各種研修会においても，実践記録を持ち寄って検討しあうこと，技術を交流することが大切であることは言うまでもありません。

　さらに，保護者の伝えあいについては，「共通の目的にむかって，共に苦労することにより，連帯意識が芽生え，成長していくことは，

→30　生活綴方教育
1910年代頃から始まった子どもの生活全体の指導を目的とする教育方法。子どもたちに自分の生活を文章化することをとおして生活を見つめ直すことが中心だが，その過程では科学性が身についていく。無着成恭（編）『山びこ学校』（青銅社，1951年）をきっかけに，1950年代の教育に影響を与えた。

→31　畑谷光代（1919-2001）
保育研究家。民主保育連盟の創立に参加して保育所づくりの運動をすすめるなど，実践と理論の両面で活動を続けた。

→32　乾孝（監修），畑谷光代『つたえあい保育の誕生』文化書房博文社，1968年。

4 1970年代の保育を科学的に実証する取組みの始まり

　1970年代後半から1980年代にかけて全国的に有名になった保育実践として，斎藤公子の保育実践があります。斎藤が埼玉県深谷市のさくら保育園，さくらんぼ保育園，第二さくら保育園で行った実践は，『あすを拓く子ら』[→34]など多くの書籍になっています。

　斎藤は，東京女子高等師範学校保育実習科で学んでおり，そこで倉橋惣三の保育を直接学びました。彼女の保育実践の基本理念としては倉橋の児童中心主義の考え方があるといえるでしょう。斎藤は，これを真の意味で実践するためには，子どもに最良の環境が必要であると考え，基準を大幅に上回る広大な土地や建物，保育士の配置などに努力しました。そして，「社会科学をしっかりと学ぶことによって，主体的な自分を見失うことなく，また歴史の大きい流れの方向をも見失わず，さまざまな渦にまきこまれずに今日に来ることができた」[→35]と述べており，民主主義を担う子どもたちを育てる基盤として社会科学的な視点を重視しています。

　彼女は，1962年のさくら保育園開園当初から，産休明けからの乳児保育と障害児保育を始めており，乳児期からの子どもの育ちの姿，障害がある子どもたちの育ちの姿から，ヒトから人間になる乳幼児期の育ちの基盤として「進化の過程」があることを見出しました。たとえば，私たちが歩行を獲得する過程としては，ずり這い→四つ這い→高這い→直立2足歩行という順序性がありますが，これは両生類（ずり這い）→ほ乳類（四つ這い）→猿類（高這い）という人類の進化の過程が繰り返されているのではないかと考えたのです。そして，それぞれの動きの十分な量が保障されていないことと，育ちのゆがみが関係しているという仮説を立てたのです。

　このような，人間の育ちの根底には人類の「進化の過程」があり，これを基盤に保育を考えることについては，近年の科学技術の進化によって裏づけが見出されてきています。[→36]

　科学の進展は，子どもの，人間の育ちの基礎を日進月歩で明らかに

[→33] 乾孝（監修），畑谷光代『つたえあい保育の誕生』文化書房博文社，1968年，p. 372。

[→34] 斎藤公子『あすを拓く子ら』あゆみ出版，1976年。

[→35] 斎藤公子『子育て＝錦を織る仕事』労働旬報社，1982年，p. 260。

[→36] たとえば小泉英明は，国際心・脳・教育学会（IMBES）を創立するなど，教育・保育を科学的に分析し発展させることを提唱しており，その著書において斎藤公子の保育実践を高く評価している。小泉英明『アインシュタインの逆オメガ——脳の進化から教育を考える』文藝春秋，2014年。

5 現代に受け継ぐフレーベルの「子どもの生命」尊重と生きる力の育成

　文部科学省は，子どもたちの「生きる力」＝知・徳・体のバランスのとれた力をいっそう育むことを学習指導要領の基本的な考え方としています。そして，これをもとに「幼児期の終わりまでに育ってほしい姿」を，「健康な心と体」「自立心」「協同性」「道徳性・規範意識の芽生え」「社会生活との関わり」「思考力の芽生え」「自然との関わり・生命尊重」「数量・図形，文字等への関心・感覚」「言葉による伝え合い」「豊かな感性と表現」の10項目で整理しています。知識が社会・経済の発展の源泉となる「知識基盤社会」では競争と技術革新が絶え間なく起こるため，幅広い知識と柔軟な思考力に基づく新しい知や価値を創造する能力が必要とされています。また，グローバル化の進展により，異なる文化との共存や国際協力が必要ですので，これらの力の基礎を育む乳幼児期の保育の重要性が大きくなっています。これは，日本だけではありません。世界中で幼児教育・保育のあり方への関心が高まっています。

　このような社会の進展においても忘れてはならないのは，ルソーが見出した，「子ども」は大人とは違う存在であることです。さらにフレーベルは，「子どもの最も早期の活動，子どもの最初の行動，人間や子どもの中に早くからあらわれる形成衝動や自由な活動および自己活動の衝動をしっかりと捉え，これらをだいじに育むべきである」と述べています。子どもが主体的存在であることを見失うことなく，これからの未来を担っていく基礎を育むための保育のあり方を考えながら実践を積み重ねていきましょう。

➡37 ルソー（Rousseau, J. J.; 1712-1778）哲学者。著書『エミール』において，子どもは大人と違う独自の存在であることを著し，「子ども」を発見したことで知られている。後のペスタロッチ，フレーベルの思想にも影響を与えた。ルソー，今野一雄（訳）『エミール（上・中・下）』岩波書店，1962年・1963年・1964年。

➡38 小原國芳・荘司雅子（監修）『フレーベル全集（第4巻）』玉川大学出版部，1977年，p. 34。

参考文献

清水陽子「草創期の幼稚園教育における豊田芙雄の理論と実践（甲南女子大学博士論文甲第15号）」2011年。

白川蓉子『フレーベルのキンダーガルテン実践に関する研究──「遊び」と「作業」をとおしての学び』風間書房，2014年。

東京女子高等師範学校（編）『東京女子高等師範学校六十年史』東京女子高等師範学校，1934年。

日本ペスタロッチー・フレーベル学会『増補改訂版　ペスタロッチー・フレーベル事典』玉川大学出版部，2006年。
日本保育学会（編）『日本幼児保育史（第1巻）』フレーベル館，1968年。
日本保育学会（編）『日本幼児保育史（第2巻）』フレーベル館，1968年。
前村晃・高橋清賀子・野里房代・清水陽子『豊田芙雄と草創期の幼稚園教育』建帛社，2010年。
文部省『幼稚園教育百年史』ひかりのくに，1979年。
湯川嘉津美『日本幼稚園成立史の研究』風間書房，2001年。
キリスト教保育連盟百年史編纂委員会（編）『日本キリスト教保育百年史』キリスト教保育連盟，1986年。
第24回全国私立保育園研究大会実行委員会（編）『保育の先覚者たち——人物でつづる兵庫・神戸の保育史』神戸市私立保育園連盟，1981年。
清水陽子「キリスト教主義幼稚園における個性尊重の保育に関する歴史的考察」日本保育学会『個性と保育　保育学年報1990年版』1990年，pp. 103-110。

■ ■ ■ ■ コラム① ■ ■ ■ ■

関信三の向きあった課題とフレーベルとの出会い

　関信三が日本の幼稚園を形づくり，保育者の育成に力を注いだ人物であったにもかかわらず，日本の保育史の表舞台に上ってこなかった背景には，彼の数奇な生涯があります。それは関信三が浄土真宗大谷派（東本願寺）の僧侶の出身であり，幕末の動乱期に宗門を守るためにキリスト教排斥運動に身を投じ，その過程で維新政府の諜者となった人物であったことによります。彼は維新政府にとって，より有用な情報を得るために，偽って信仰を告白して洗礼を受け，日本初のプロテスタント教会の創立メンバーともなりました。このような混沌とした時代，政治に翻弄されつつ特異な道を歩き続けた生涯を通して，当時稀なる思想を獲得したのです。

　関信三は，後に僧侶から還俗し，キリスト者として「幼稚園」に対する認識が混沌としているなか，日本で初めての幼稚園である東京女子師範学校附属幼稚園の初代園長となりました。しかし37歳という若さで早逝した関信三の「幼稚園」での働きは，彼の生涯の最後の4年間という非常に短い期間でした。このことも後に「幼児教育の父」「日本のフレーベル」と評される倉橋惣三などから，明治期の幼稚園教育は形式主義的なものであり，フレーベル本来のものではないと批判を受けることにつながったのかもしれません。しかし本来的な意味でのフレーベル思想の理解には，当時の教条的なキリスト教に対するフレーベルの革新的なキリスト教理解が不可欠でしょう。その意味で，関は日本で最初の真のフレーベル思想の理解者であり，実践者であったと言えるのではないでしょうか。そこには関信三自身も抱えた「信仰」の課題との共感があったと考えられます。

　なぜ関信三は，キリスト教に改宗し，しかも革新的なキリスト教理解のフレーベルの思想に立脚したのでしょうか。そこには伝統的なキリスト教と同様に，当時の伝統仏教教団が抱えた，形骸化した「信仰」の課題があったと考えられます。関信三自身，キリスト教と対峙するという体験をもっており，そのなかで人間にとっての宗教的な課題に向き合い，そのうえでフレーベル思想を受け止めたのではないでしょうか。フレーベルの思想は人間を一個の自由な創造的な存在として捉え，子どもの活動のすべては創造的なものであり，同時に子ども自身のうちに秘められた神的なものの自己表現であるという革新的なものでした。「恩物」はそのために考案されたのです。関信三にとって，フレーベルの思想はまさに衝撃的だったのではないでしょうか。関のフレーベルへの思いは，彼の墓石が，第二恩物の立方体と円柱体と球体を組み合わせてつくられているフレーベルの墓に擬してつくられていることからもうかがわれます。

参考文献
国吉栄『幼稚園誕生の物語――「諜者」関信三とその時代』平凡社，2011年。

■ ■ ■ ■ コラム② ■ ■ ■ ■

日本で2番目に開設された鹿児島女子師範学校附属幼稚園

　明治12（1879）年，日本で2番目に幼稚園が開設されたのは鹿児島と大阪でした。大阪の幼稚園は数年後に廃園となってしまいましたが，なぜ鹿児島の幼稚園は，今日まで継続され続いてきたのでしょう？　みなさんは不思議だとは思いませんか？

　鹿児島女子師範学校附属幼稚園の開設が早かったのは，鹿児島の女教員養成が，東京女子師範学校と同じ明治8（1875）年に開始されたことから，他の地方より女子の教育力を認識していた地域であったことも背景にありました。

　また，明治10（1877）年の西南戦争で有能な人材を失い「教育が遅れた」という危機感が鹿児島にあったといわれています。日本の近代化に尽力した人材を多く輩出した鹿児島県では，近代化の反動も大きく，同県人同士が争った西南戦争は悲惨な状況を生みました。戦争終結直後から，大久保利通は東京で鹿児島のために同県人に呼びかけ義援金を募ります。また，鹿児島の復興を願い，その後処理のために岩村通俊を県令（当時の知事）として鹿児島に派遣しました。

　大久保の信任の厚かった岩村通俊が幼稚園開設に大変熱心であり，当時の文部卿であった西郷従道（つぐみち）に東京女子師範学校附属幼稚園から鹿児島女子師範学校附属幼稚園開設のための保育者を派遣してくれるよう依頼します。結果として，西郷隆盛が最も尊敬していた藤田東湖の姪である豊田芙雄（ふゆ）が，鹿児島女子師範学校附属幼稚園開設のため出張することになりました。豊田は鹿児島出張の前に「私は今幼稚園開設の業に就こうとしているが，神に祈ることを忘れてはならない」という言葉で始まる「拝神の辞」といういわば決意表明文の添削を，中村正直に依頼しています。こうして，「故郷や未来を担う子どもへの思い」という糸で引き寄せられた人々によって，鹿児島に2番目の幼稚園が開設されたのでした。

　その後，鹿児島女子師範学校附属幼稚園は，2009年に130周年記念式典を，鹿児島大学教育学部附属幼稚園として迎えました。その園庭には鹿児島を去るときに豊田が書き残したように，子どもの遊びが豊かになることを願ってどんぐりなど実のなる木が植えられています。そして，その職員室には歴代園長の写真はなく，豊田芙雄の写真1枚だけが飾られています。

参考文献
前村晃・高橋清賀子・野里房代・清水陽子『豊田芙雄と草創期の幼稚園教育』建帛社，2010年。

■ ■ ■ ■ コラム③ ■ ■ ■ ■

「保育」という言葉にかけた願い

　「保育」という言葉の初めての用例は，わが国初の幼稚園である東京女子師範学校附属幼稚園において，明治10（1877）年に制定された「規則」のなかに記されているものであると言われています。「規則」の第7条には「園中ニ在テハ，保姆小児保育ノ責ニ任ス，故ニ附添人ヲ要セス」とあります。この他第8条では「保育料」，第10条で「保育時間」といった表現も使われています。このことから「保育」は，最初幼稚園における幼児の教育の意味で使われるようになったのです。しかし当初，園長であった関信三はもっぱら「幼稚教育」を使っており，「保育」という語を用いていませんでした。彼が積極的に「保育」の語を用いていくのは，明治11（1878）年4月の『幼稚園創立法』で，「幼稚園ハ（中略）稚児ヲ保育スル楽園ナリ」とする頃のようです。この『幼稚園創立法』は，当時誕生したばかりの明治天皇第二皇子建宮の成長に備えた幼稚園の新設計画に合わせて，執筆を命じられた書と言われています。

　関信三は，幼稚園を遊びという子どもの自発的な活動を通して，子どもが本来もっている心身の力を強め，人間社会の幸福と自治の基礎を培う場として捉えていました。そして全国に，このような幼稚園を広めることを願っていたとされます。そのなかで執筆されたのが『幼稚園創立法』であり，彼の幼稚園展開の願いを具体化したものでした。そのようななかで，関はフレーベルのめざした，「kindergarten（子どもの園・庭）」を重要視しています。彼が重視した保育実践は「戸外遊び」であり，子どもたちの自由な自己活動や身体活動を中心とする実践を，試行錯誤しながら展開していたと考えられます。そのプロセスのなかで，関自身「保育」という言葉を確かめていたのだと考えられます。この確かめのプロセスが「幼稚教育」から，自覚的に「保育」という言葉を使うことへと転換させたと考えられます。そしてこのプロセスは，関に保育者の養成へと精力的に取り組ませることになります。その保育者養成は，子どもたちが自由な活動のなかで何を学び，どのような体験をしたかを理解し，さらにより豊かな体験ができる適切な環境を整えるために，子どもと生活をともにし，そこから学ぶというものでした。ここに関信三の「保育ノ主義」が明確になっているといえます。

　「保育」という言葉は，関信三をはじめとして，多くの先達が実践を通し，子どもたちに学ぶなかで，確かめられてきた言葉だといえます。私たちは単なる用語としてではなく，その言葉に込められた大切な願いを受けとめ，受け継ぎ，そしてその内実を確かめ続けていくべきであると考えます。子どもたちと日々触れ合い，保育の実践を通して確かめていく営みが，保育者の本来的な課題であり，未来へ受け継ぐべき実践力であると考えます。

参考文献
　待井和江（編）『保育原理（現代の保育学4）』ミネルヴァ書房，1986年。
　国吉栄『幼稚園誕生の物語――「諜者」関信三とその時代』平凡社，2011年。

■ ■ ■ ■ コラム④ ■ ■ ■ ■

斎藤公子の子どもの絵を見つめるまなざしに学ぶ

　斎藤公子は子どもたちの描画をとても重視しました。それは，描画に現在の子どもの「今」が表現されているからです。どの色を選んだか，線の太さ，描画の大きさ，描画内容などを注意深く観察，分類してみると，そのときの気持ち，身体の育ちの状態，認識の育ちの状態などに共通点があるのです。

　たとえば，子どもたちの描画では，「目」はふつう点で表現されます。これに対し，ぐるぐる描きや塗りつぶして表現している場合，「目」が強調されていますので，「おとなに見られている意識」が表現されていることが多いようです。このような意味づけはあくまでも「仮説」ですが，おとなが態度を変えることによって表現が変わったとなれば，その「仮説」は裏づけられたと言えます。

　斎藤は，このような「仮説」「検証」を繰り返しながら，子どもの描画を見る目（観察力）を豊かにし，子どもの育ちを把握するとともに自分の保育を振り返る，つまり保育の「自己評価」のためにも大切にしていたのです。

　ですから，子どもたちが自分の描画が「作品」として多くの人に見られる機会は，卒園式のときだけでした。それは，見られること，「評価」されることを意識してしまうと，子どもの「今」の表現ではなくなってしまうからです。また，子どもが「描いたよ」と持ってきたときに，保育者の評価が言外にでも入ってしまうと，その後の描画が子どもの「今」のものではなくなってしまいます。どのような描画もまるごと受け入れたうえで，子どもも保護者もいないところで，「どうしてかな？」と子どもの「今」の育ちについて考えるきっかけとしています。

　映画「さくらんぼ坊や」でも，子どもたちが四つ切りの更紙（ざらがみ）に何枚も何枚も描いている姿が出てきます。その子の「今」を知るためには，真の意味での「自由な表現」を保障しなければならないことを忘れないようにしましょう。

参考文献
斎藤公子『子どもはえがく――さくら・さくらんぼ，姉妹園の子どもたち』青木書店，1983年。

注　記
斎藤公子が保育実践で見出したものは多いのですが，そのすべてが記録として残されているとは言えません。ですから，このコラムの内容も，筆者自身が講座などで斎藤公子から直接聞いたこと，短期間ではありましたが彼女が創設した保育施設で働いたときの経験，そしていまも続いている「斎藤公子の保育研究会」での実践の蓄積によるものです。

第 2 章

「保育者」をめざすあなたへ

第1節 原体験としての保育者像

1 あなたにとっての保育者像とは

　「先生，保育者とは保育士のことですか，幼稚園の先生のことですか？」。入学したばかりの学生からの素朴な質問でした。

　初めて「保育」を学ぶ学生にとって，保育者のイメージとはどのようなものなのでしょうか。

　この章では，「保育者とは」という問いに対してみなさんと同じ学生たちの体験を紹介したり，ワークをしたりしながら学びを深めていきます。

　長年，保育の実践者として子どもに関わってきた筆者は，「保育者」とは幼稚園教諭，保育士など専門職として「子どもの保育に従事している者」のことだと認識していました。

　しかし近年，核家族化が進み，近所づきあいが希薄になった現在，かつて各家庭のなかで継承されてきた育児文化を，保育・教育施設で担う機能が必要となってきました。言い換えると，子どもとその保護者に対しての支援が求められるようになってきたのです。このような社会状況のなか保育士の国家資格化，保育所保育指針の改定などにより，保育士養成課程も見直され，保育士資格の必須科目として保育士養成校では，「保育者論」「家庭支援論」や「保育相談支援」という科目が新設されました。子どもが大好き，いつも子どもと遊んでいて楽しそうな「せんせい」のイメージがあるかもしれませんが，社会状況の変化に伴う多様な保育実践力が求められています。

　さらに，どのような状況下に置かれようと，ヒトがヒトを育てていく営みにおいて，保育者の「人間性」が大きく影響していきます。みなさんはどのような影響を受けましたか？　幼い頃の保育所，幼稚園の「せんせい」を思い浮かべて，どんな先生と出会えたか思い出してみましょう。

　みなさんがかつて「子ども」だったということを思い出す過程で，子どもとともに生きる理想の「保育者像」を考えていきましょう。

〈ワーク1〉

どのような保育所，幼稚園に通っていましたか？　以下の点についてグループで話しあってみましょう。

①思い出の園舎や遊具，遊んでいた風景を描いて，子どもの頃を思い出してみましょう。
②あなたが出会った先生を紹介しあいましょう。

2　私の出会った「せんせい」

　大好きな先生だけではなく，怖く感じた苦手な先生などいろいろな思い出が蘇ってきます。子ども時代に出会った「せんせい」の印象について学生のエピソードを紹介します。

〈エピソード1〉　記憶に残る先生になりたい

　幼稚園のときは，まったくしゃべらないおとなしく自分の意思を表に出さない子でした。友だちも少なくあまりキャーキャー言って遊んだ記憶がないです。いつも何をしていたかはあまり覚えていませんが，卒園式のとき，号泣したのは覚えています。担任の先生が大好きで離れたくなかったからです。
　いま私が保育士，幼稚園の先生になる立場から思うことは，あのときの担任の先生のような先生になりたいということです。いまだに1年に1回年賀状だけですが連絡を取りあっています。立派な保育者になって母園に行って小さい頃お世話になった先生のもとで働くのが私の夢です。その先生が私にしてくれたみたいに，一人ひとりの子どもを大事にし，その子にあった対応をし，かつ，平等に指導したいと思います。私が出会った先生のように記憶に残る先生になりたいと思っています。

　このエピソードのように，保育者のモデルになる素敵な先生との出会いが，養成校に入学する動機になった学生は少なくありません。
　人格形成の基礎となる幼児期に出会ったあこがれの先生との原体験が，めざす保育者像のスタートになります。

〈エピソード2〉　家族以外の人と初めて出会う大切な場所

　私が幼稚園児のとき，幼稚園に怖い先生がいて，一度だけ怒られたことがありました。熱があるのに，走り回って遊んでいた私は，普通に何もないかのように保育室に戻ると，その怖い先生に呼ばれ，暗い医務室で怒られました。その後，

暗くて狭いところも怖いと感じるようになりました。でも，中学生のときの職場体験で出身の幼稚園に行くと，その先生が園長先生になられていて，私のことを覚えていてくださいました。怖い印象の先生が優しくなっていて，いろんな思い出を話してくださいました。いまでも幼稚園の頃からの友だちは，仲良くしています。幼稚園は家族以外の人との初めての出会いの場なので，大切な場所と思いました。

　いろいろな価値観をもった先生方がいます。子どもたちは，直感的に大人の表情を読み取ります。担任の先生との信頼関係はできていますが，コミュニケーションの取れていない担任以外の先生から注意を受けたことは，その後も情景とともに感情も蘇ってきます。このエピソードでは職場体験での再会により，先生の印象が好転しましたが，たいていは，小さい頃に受けた印象はなかなか払拭できません。「一期一会」のつもりで子どもの目に映し出される保育者の姿を振り返ることが大切です。

第2節　子どものまなざしに映る保育者

　ある朝4歳のRちゃんが，母親に叱られながら登園してきました。早朝勤務の母親は登園をぐずるRちゃんにイライラしていた様子で，早番の先生に無言で預けていきました。保育室の片隅で泣いているRちゃんに声をかけると，「ママはボクのこと嫌いなんだ！　いつも怒ってばかり……」と話してくれました。「えんちょうせんせいは，いつもボクたちのことたからものっていうけど，ママもボクのことたからものって思っているかな？　ボク，みがけばひかるの？　ひかればママ（ボクのこと）好きになってくれるかな？」と言われてしまいました。
　さて，みなさんはどのように答えますか？
　子どもの傍らにいる大人は，言葉とともに態度で子どもに「あなたは，大切な存在ですよ！」とアピールしてほしいのです。みなさんも親や友だち（恋人）に「スキ！　スキ！」と言われるだけではなく，抱きしめられると愛されていると実感しますね。
　温かい言葉のシャワーと受容されていると感じさせる態度とまなざしによって子どもたちの心が磨かれていくのです。

「生まれてきてよかった！」という自己肯定感を育んでいくことこそ，私たち保育者の使命です。「使命」とは，命を使うと書きますが，みなさんは，どんな保育者として自分の命を使いますか？

次に示すのは，漠然とした保育者のイメージから，理想とする保育者像を模索し，「かつて自分も子どもだった」記憶と重ねて，子どもの視点に立って保育観，子ども観を学修したレポートです。

〈レポート1〉 誰でも何か美しいものをもっている

私は，保育者論の授業を通して，保育者になるにあたって，大切なことを多く学ぶことができた。

子どものどんな話にも耳を傾け，共感することで，子どもは「明日は先生にどんなお話をしよう」と話すことの楽しみ，次の日がくることへの楽しみができる。私も幼稚園児だった頃そうだったのを覚えている。なかなか園生活に慣れなかった私のそばには，いつも先生が隣にいてくれた。私の話をいつも笑顔で共感してくれて，私は話すことが大好きになった。週末に家族で出かけたことなど全部先生に話した。このように，保育者が子どもの気持ちに寄り添いながら話を聞いてあげることで子どもは人と話すことの楽しさを感じ，豊かな感性が育まれると考える。

私は授業のなかでとても心に残っている言葉がある。それはマザー・テレサの言葉「誰でも何か美しいものをもっている」という言葉だ。改めて，この世界に必要とされていない人など一人もいないと強く確信した。

私はこれから，子ども一人ひとりの個性を大切にしていき，子どもから「この先生と出会えてよかった」と思ってもらえるような保育者になっていきたい。そして，子どもの成長をともに心から喜びあうことのできる保育者をめざしたい。

この学生は，やがて保育所や幼稚園に実習にいき，実際に子どもと生活するなかで，「せんせい」と呼ばれる喜びや困難を体験していくことでしょう。どんな状況においても，子どもの視点に立って保育された子ども時代の経験が活かされ，保育者として生きる覚悟が引き継がれていくことを期待しています。

保育者になる学生のみなさんに保育者の使命という灯りを聖火ランナーのように受け継いでいってほしいと願っています。

次は，保育所実習を経験した学生のレポートです。現場の体験からどのような視点が大切か見えてきます。

〈レポート2〉 保育の場を子どもと生きていきたい

2月に1度目の保育実習を終え，保育者としての活動について実践して学ぶこ

とで，私は保育者になるということがとても大変であり，もっとたくさんの知識も身につけることが必要だと感じた。

　子どもにとって周囲の環境はとても大切なことであるが，その周囲の環境のなかで保育者はもっとも重要な環境であり，保育は子どもと保育者で日々つくりあげていくもので，ありのままの子どもと出会い，ありのままを受け止めたい。

　保育者として，自分をありのままにして，保育の場を子どもと生きていきたい。子ども一人ひとりの育つ力を信頼し，一人ひとりに寄り添い「子どもの最善の利益」を保障し，発達過程にそった保育が行える保育者になりたい。

　子どもたちの目に保育者の姿はどのように映っているのでしょうか。子どもを叱るとき一方的に「あなたは悪い子ね！」と人格否定していませんか？　なぜそのような行為をしたか耳を傾けていますか？　筆者の幼い頃に出会った担任の「せんせい」はいつも穏やかで，落ち着いた雰囲気の先生でした。叱るときも凛とした態度で，子どもの話に耳を傾け，友だちとの接し方を明確に導いてくださいました。決して，美人ではありませんでしたが，その先生の保育者としての品性が滲み出た立ち居振る舞いを，幼いながら「美しい」と感じました。一方，とても美しい顔立ちの先生がいましたが，いつも眉間にしわを寄せ叱ってばかりいて，「美しい」と感じたことはありませんでした。その先生に会うと悪いことをしていなくても何か言われるのではないかと，落ちつかなかったことを思い出します。

　幼い頃に本物の「美しさ」とは何か気づかせてくださった「せんせい」との出会いは，筆者の人生の目標になりました。

　みなさんは，なぜ保育者になりたいと思ったのでしょうか。ある学生は，大好きな先生に出会い保育者にあこがれたから，ある人は，先生が嫌いだったから自分が子どものことを考える先生になりたかった，あるいは，身内に保育者がいたからなど，動機はさまざまです。ここで職場体験の経験から子どもにきっかけをもらった学生のエピソードを紹介します。

〈エピソード3〉　職場体験でのできごと

　私が，保育者を志すきっかけとなったのは，中学のときに体験したインターンシップです。0歳から5歳までの幅広い年齢の子どもと触れあうなかで，さまざまな出来事がありました。

　一日一日年齢の違うクラスを担当することで，1歳しか違わないが大きな差があることを身にしみて感じることができました。そんなふうに毎日新たな発見があり，優しい笑顔に包まれながら仕事がしたいと思ったのが保育者になりたいと

思ったきっかけです。

　授業を通して，自分がどのような保育者になりたいのかだんだんイメージをもつことができました。子どものありのままの姿を受け入れ，一人ひとりのもつその子らしさをしっかりと捉えて，寄り添うことができる保育者になりたいと考えています。

　このエピソードのように，子どもとの関わりから保育者としての生きがいを感じ，保育者としての仕事を選択するきっかけになった例は，少なくありません。

　現場での子どもとの出会いから，子どもと関わる方向性が見えてきます。

〈ワーク2〉

　幼少期の体験や出会った先生との思い出は，その後のあなたにどのような影響を与えましたか？　話し合ってみましょう。

①あなたが保育者をめざした動機を考えてみましょう。
②あなたはどのような先生になりたいか，めざす保育者像を考えてみましょう。

第3節　「保育者」の仕事を知る

　「保育者とは」という問いに対して，少しずつ具体的なイメージが湧いてきたのではないでしょうか。

　幼稚園や保育所，施設実習の巡回指導に行くと，必ず園長先生から伺う保育者として求められる人材は，第一番に「素直な人」と言われます。「素直」とは，ただ人の言うとおりにすることではなく，人の言うことをよく聴くということです。言い換えれば，謙虚な人，協調性のある人ということです。上司や同僚，保護者，子どもの声に「素直に耳を傾けられる心にゆとりのある人」が望ましい保育者像です。

　保育者とは，幼稚園教諭・保育士を総称して，専門の資格・免許保有者のことです。保育の場では，栄養士，調理師，用務員，運転手，保健師，看護師，園医など他職種の人と連携しながら，そして何より家庭との連携を密にしながら，一人ひとりの子どもに応じた支援・援助を行っていきます。

1　保育形態と保育者の役割

　保育形態とは，保育の方法や内容と関連する保育のなかでの活動形態のことで，自由保育と一斉保育などと分けられることがあります。また，設定保育という言葉もあります。以下，それぞれについて，簡単に説明をしたうえで，そこでの保育者の役割についてみていきます。

①自由保育

　自由保育とは，そもそも子どもの自由な活動を尊重するという理念に基づく保育形態です。保育所や幼稚園での縦割り関係の遊びや仲間づくりができる自由保育の時間がもっとも子どもの育ちを把握できる貴重な時間帯と考えられます。幼稚園教育要領や保育所保育指針等に書かれている「生きる力の基礎」はいろいろな年齢層の子どもたちとの関わりのなかで培われていきます。園庭や室内の遊具や用具を自ら選び遊ぼうとするとき，取りあいや譲りあいの場面が生じます。そのときに子ども同士の問題解決を見守り，解決できない場合には保育者が仲立ちをするなかで，子どもたちは他者との関わり方を学んでいきます。保育には明快な答えや教科書はありません。保育者の感性が子どもの生活や遊びに大きく影響していきます。子どもが生き生きと遊べる環境を見通して仕掛け，さりげなく見守る姿勢が自由保育におけるもっとも重要な保育者の役割と言えます。

　なお，自由な活動つまり自由遊びという活動形態と混同されることによって，一斉保育と対比されることが多くなったことや，放任との対比として捉えられたこともあります。

②一斉保育

　一斉保育の理念としては同年齢の子どもたちに同じことを同じ方法で行うことによって，保育者が身につけてほしいと願うことを子どもたちが効率よく身につけ，指導の平等につながるという保育者の指導上の利点から発想される保育のことです。ここには一人ひとりの子どもに応じた育ちを支えるという視点が不足しているとも言えます。ただ，一方で活動形態として，一緒に行うという点で考えると，必ずしも一斉保育が保育者中心とは言い切れない面もあります。

③設定保育

　設定保育とは，保育者が意図的に活動を計画，設定して行う保育のことです。一斉保育と同じような意味合いで使われることもあります

が，一斉に活動を行うことに重点が置かれるのではなく，保育者が意図的に活動を計画，設定することに重きが置かれるので，一人の子どもの活動における設定保育というのも考えられます。

④保育者の役割

　子どもたちは保育所や幼稚園での集団生活を通して，平等に生きるルール（社会性）を身につけていきます。個人差はあるものの，同じ発達段階の子どもと課題に向き合い協調性や規範ある行動を学んでいきます。そこでは保育者が子どもたちの実態から保育を通して身につけさせたいねらいを「心情・意欲・態度」の側面から設定し，そのねらいが達成されるように内容や活動を考えていかなければなりません。原則的には，保育形態にかかわらず，すべての保育において，一人ひとりの子どもたちへ適切な援助を行っていくことが保育者の重要な役割となるのです。

2　経験から学ぶ──アクティブ・ラーニング

　みなさんは「アクティブ・ラーニング」という言葉をご存じですか？　学校の授業の方法で，参加型授業，能動的学修とも言います。具体的には，問題解決学習，体験学習，調査学習，グループ・ディスカッション，ディベート（討論），グループ・ワークなど，学生が主体的に参加し，実際に経験しながら学ぶものです。経験を通した学習の場合は，「振り返り」を行うことで，より学びを深めることができます。保育を学ぶみなさんにとっては，各種実習が「経験を通した学び」ということになるでしょう。ある短大の幼児教育学科では，入学直後に「基礎実習」という授業があります。多くの学生にとって，初めて保育の現場に接する機会です。「子ども理解を深める」「保育の仕事を理解する」ことを目的に実施されています。図2-1に示すように，基本的な実習事前指導に加え，実習＋事後指導（アフターミーティング，と呼んでいます）をセットにして，経験と振り返りの学習が連続して行えるようにしています。

　みなさんも，実習生として初めて保育現場に行ったとき，子どもたちを目の前にして「どうしたらいいだろう？」と戸惑ったり迷ったりしたことがあるかと思います。「自分の言うことを聞いてくれない」「次々に抱っこをせがまれて大変」「別の子から『あっちで遊ぼう』と誘われて困った」など，似たような経験はありませんか。その戸惑い

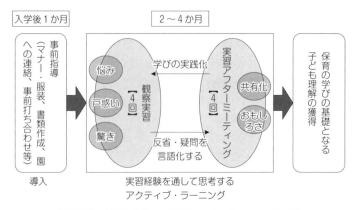

図2-1　実習を通したアクティブ・ラーニングの例
出所：筆者作成。

や迷いの経験が「学びの入り口」となり，保育や子どもへの理解を深める一歩となるのです。たとえば，「言うことを聞いてくれない」ならば，手っ取り早く上手に言い聞かせる方法を身につけて……と思うかもしれませんが，それで「良い保育者」になれるわけではありません。そのときの経験を振り返ることで，「なぜ言うことを聞いてくれなかったのだろうか。あのとき，あの子はどんな気持ちだったのかな。どんな表情してたっけ？　もしかしたら私も"言うことを聞かせなきゃいけない"って思い込んでいたのでは？」と，その子どものことを理解しようとするだけでなく，そのときの自分自身の姿へも考えをめぐらし，自分の関わり方も見直そうとすることで，「子どもに正面から向き合える自分」になっていくのです。さらに，経験を共有することで，他の学生たちの学びも広がっていきます。ではどのような指導を受けて「考える」保育者になっていくのか，「基礎実習アフターミーティング」での具体的な例をあげます。入学後2か月が経ったAさんが発表してくれたエピソードです。

〈エピソード4〉「みんな並んでるよ」

　5歳児の実習です。園庭に出てみんな並んでいたけど，一人だけ離れて砂いじりをしている子どもがいたんです。先生が「並んでね，○○ちゃん」と言ったが，並ばない。私は「連れてきて」と言われたので，その子に近寄って「みんな並んでるよ。行こう」と言ったのですが，しゃがんだまま全然動かなかったんです。聞こえていない，という感じで。どうすればよかったでしょうか。

　このAさんの経験をもとにして，まずは各学生が「自分が，その

実習生だったら」ということを考え，発言します。「しゃがんで同じ目線で『一緒に行こう』がよかったのでは」「『行くぞー！』って楽しく担いで連れて行く」「とりあえず，しばらく隣で一緒にいてあげるかな……」「『お砂で何つくってるの？』と声かけして，少し一緒に遊んで，その後連れて行きます」「『こっちに行こうか』と私の手を差し出す。無理に引っ張ったりしないで応えてくれるまで待つ」「私は変な顔が得意だから笑わせて，気を紛らせてから連れて行きます」と実にさまざまな「自分だったら」というアイディアが出されます。次に教員がAさんに再び問いかけます。「その子はどんな様子だった？　表情は？」と聞くと，Aさんは「元気がなかった。下を向いていて，何だかいじけた感じでした」と答えました。さらに教員は，「じゃあ，その子はどんな気持ちだったと思う？」と全員に問いかけます。「並びたくなかった」「みんなと一緒にいたくない」「イヤだっていう気持ち」「園庭に出る前に，お友だちと何かあったのかな？」とそれぞれに考えて発言します。さらに「自分が落ち込んだときに『○○しなさい』って言われたらどう思う？」と問われると「そんな気分じゃない」「ますます落ち込む」「上から言わないでって思う」という答えが。そこに加えて「そんなときに実習生の言葉にあった『みんな並んでるよ』の『みんな』に，何か感じるものはないかな？」と問われ，ハッと気づくのです。励ますつもりの「みんな並んでるよ」という実習生の言葉が，「みんなはできているのに，自分はできていない」ことを際立たせていることに。そこで，教員がAさんに「そのとき，あなたはどんなことを考えてた？」と聞くと，Aさんは「担任の先生から『連れてきて』って言われて焦っていた。何で私の言葉を聞いてくれないのかなって思っていました」と答えました。Aさんもそこで，自分が焦っていて，その子の気持ちを汲むことができていなかったことに気づいたのです。子どもへの関わりを振り返り，そのとき，自分自身がどういう意図をもっていたのかという「自己理解」をする学びも，「子どもに正面から向き合える自分」になっていくために必要なのです。こうした一連の気づきを学生同士で共有することで，少しずつ「自分なりに考える力」を培っていきます。こうした気づきや学びの積み重ねが，一つひとつの場面で「子どもの育ち」を常に考え，その場での育ちを見逃さない力につながります。

　経験から学ぶ「アクティブ・ラーニング」は，自分を変えていく学びでもあります。こうした特別な授業でなくとも，実習での場面や，

日常的な子どもとの関わりから始めることもできます。これからみなさんは，保育者をめざす者として迷ったり困ったりする経験も出てくるでしょう。そんな経験こそが「考える」チャンスです。よりよい保育を求め，常に問い続ける保育者になってほしいと願います。

第4節　「保育者」として働くための資格・免許とは

1　保育士と幼稚園教諭

　保育者になりたいという希望をもって，大学のオープンキャンパスに参加する高校生たちに，「保育所の先生と幼稚園の先生は必要な資格・免許が違うのですよ」と話すと，「知りませんでした」と驚く人も少なくありません。子どもを預かる仕事という点では，同じように見えるかもしれません。特に3歳以上のクラスであれば，保育所も幼稚園も先生と子どもたちの関わり方は同じように見えるでしょう。みなさんはもうすでに，保育士と幼稚園教諭の違いをよく理解していると思いますが，ここでもう一度確認しておきましょう。

2　保育士資格

　「保育士」が働く場は「保育所」や「乳児院」「児童養護施設」などの「児童福祉施設」です[1]。これらの場所で働く「保育士」になるためには，国家資格である「保育士資格」を取得する必要があります。児童福祉法第18条の4に「この法律で，保育士とは，第18条の18第1項の登録を受け，保育士の名称を用いて，専門的知識及び技術をもつて，児童の保育及び児童の保護者に対する保育に関する指導を行うことを業とする者をいう」と定められています。ここでいう「児童」とは，満18歳未満の者を指していますから，「保育士」は保育所だけでなく，満18歳未満の子どもたちが生活する児童養護施設等で働くこともできるのです。「保育士資格」は1999年以前には「保母資格」と呼ばれていました[2]。

　現在，「保育士資格」を取得するには2つの方法があります（図2-2）。1つは，厚生労働大臣が指定する，大学・短期大学・専門学校

➡1　児童福祉法第7条に定められた「児童福祉施設」は以下の12種類。①助産施設，②乳児院，③母子生活支援施設，④保育所（保育所型認定こども園を含む），⑤幼保連携型認定こども園，⑥児童厚生施設，⑦児童養護施設，⑧障害児入所施設，⑨児童発達支援センター，⑩児童心理治療施設，⑪児童自立支援施設，⑫児童家庭支援センター。

➡2　1999年4月，改正児童福祉法施行令の施行により，「保母」は「保育士」と名称変更された。また，2003年11月の改正児童福祉法の施行により「保育士」は名称独占資格として規定され，「国家資格」となった。

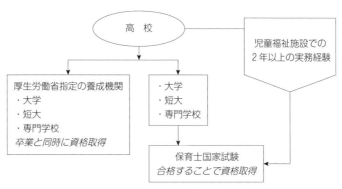

図2-2　保育士になるには
出所：筆者作成。

に入学し，「保育の本質・目的の理解に関する科目」「保育の対象の理解に関する科目」等，資格取得に必要な68単位以上を取得し卒業する方法です。そしてもう1つは，毎年行われる「保育士試験」に合格する方法です。この「保育士試験」は2016年より年に2回行われるようになりました。また，「幼稚園教諭免許状」所有者は，免除申請をすることにより試験科目のうち「保育の心理学」「教育原理」「実技試験」が免除されます。また，指定保育士養成施設にて，科目履修等により筆記試験科目に対応する教科目を習得した場合，指定養成施設が発行する「幼稚園教諭免許所有者保育士試験免除科目専修証明書」を提出することにより，証明書に記載の筆記試験が免除されます。この2通りの方法で保育士資格を取得すれば「保育士となる資格を有する者」となり，都道府県知事に登録申請し，「保育士登録証（保育士証）」の交付を受けることができます。この「保育士登録証」の交付を受けることで「保育士」と名乗って働くことができるわけです。2003年の児童福祉法改正により，「保育士資格」をもっていても登録をしていなければ「保育士」として働くことができなくなりましたので注意が必要です。

3　幼稚園教諭免許状

「幼稚園教諭」が働く場は主に「幼稚園」です。「学校教育法」第1章第1条には「この法律で，学校とは，幼稚園，小学校，中学校，義務教育学校，高等学校，中等教育学校，特別支援学校，大学及び高等専門学校とする」と記されています。このことからも理解できるように「幼稚園」は幼児に教育を行う学校です。文部科学省管轄の学校で

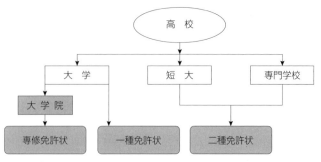

教科及び教職に関する科目を履修することで、卒業と同時に免許取得

図2-3 幼稚園教員になるには

出所：筆者作成。

ある幼稚園で働くためには「教育職員免許法」という国の法律により授与される「幼稚園教諭免許状」を有していなければならないと規定されています（教育職員免許法第3条）。「幼稚園教諭免許状」は文部科学大臣が指定する、短期大学・専門学校・大学などの養成校で必要な単位を取得し卒業することで、各都道府県の教育委員会より授与されます（図2-3）。「保育士試験」のような試験で取得することはできません。さらに「幼稚園教諭免許状」には、短期大学・専門学校の幼児教育科などで「教科に関する科目」「教職に関する科目」等の免許に必要な39単位を含む62単位以上を取得し卒業した人に与えられる「二種免許状」、大学の幼児教育科などで免許に必要な59単位を含む124単位以上を取得し学位を取得した人に与えられる「一種免許状」、大学院で修士課程の学位を取得し、「教科または教職科目」34単位以上の専門科目を取得した人に与えられる「専修免許状」があります。免許状の種類によって幼稚園教諭としての仕事内容に変わりはありませんが、就職する園によっては給与に多少の差が出る場合もあるようです。

2015年度に幼稚園免許状を授与された5万1,919名のうち、二種免許状が3万3,638名、一種免許状が1万7,772名、専修免許状は248名でした[3]。また、保育士資格取得後3年以上の実務経験があると、幼稚園教諭免許の認定試験を受けることができます。これに合格することで「二種免許状」の取得が可能です[4]。

なお、2009年4月1日以降に初めて授与された免許状には10年間の有効期間が付されるようになっています。教員免許状を有効な状態で保持するためには、有効期間満了日の2年2か月前から2か月前までの2年間に、30時間以上の免許状更新講習の受講が必要です。

また、2016年4月の厚生労働省の規制改革により、現在「幼稚園教

▶3 文部科学省「平成27年度教員免許状授与件数等調査結果について」。

▶4 幼稚園教員資格認定試験は毎年1回、文部科学省が委託した大学にて行われる。一次試験は「教職に関する科目(1)」「教職に関する科目(2)」により択一式の筆記試験が行われ、一次試験合格者に対して二次試験として「教職に関する科目(3)」について論述式の筆記試験と「指導案作成」に関する論述式試験が行われる。ただし「指導案作成」については教員免許を有している者や教育実習の経験を有する者に対しての免除措置がある。難易度は高く平均合格率は20％程度。

諭」を原則3歳児以上の幼児を保育所で保育士に代えて活用することができる特例措置がとられています。

4 保育教諭

2015年4月に「子ども・子育て支援新制度」の導入と同時に「改正認定こども園法」が施行されました。この認定こども園法の改正により，「学校及び児童福祉施設としての法的位置づけをもつ単一施設」として，新たな「幼保連携型認定こども園」が創設されました。

「幼保連携型認定こども園」は学校教育と保育を一体的に提供する施設であるため，その職員である「保育教諭」は「幼稚園教諭免許状」と「保育士資格」の両方の資格・免許を有していることが必要とされました。

しかし，現状では幼稚園・保育所で勤務する保育者の4分の1程度は，どちらか一方の免許・資格しか有していません。そこで，新たな「幼保連携型認定こども園」への円滑な移行を進めるため，改正認定こども園法では，施行後5年間は「幼稚園教諭免許状」または「保育士資格」のいずれかを有していれば，「保育教諭」となることができるとする「経過措置」を設けました（2020年3月まで）。この経過措置期間中に，保育所または幼稚園における勤務経験を評価することにより，もう一方の免許・資格の取得に必要な単位数を軽減する特例を設け，免許・資格の併有を促進しようとしています。

なお，「保育教諭」という名称は資格や免許ではなく，幼保認定こども園に勤務する保育者の職名です。幼保連携型以外の認定こども園においては，3歳以上は「両免許・資格併有が望ましい」，3歳未満では「保育士資格が必要」とされています。

> ➡5 子ども・子育て支援新制度
> 2015年4月にスタートした，幼児期の学校教育・保育，地域の子ども・子育て支援を総合的に推進するために制定された3つの法律（2012年8月公布，子ども・子育て関連3法）に基づく新たな制度のこと。すべての子どもに良質な育成環境を保障し，一人ひとりの子どもが健やかに成長することができる社会の実現を目的にした取組み。「認定こども園の普及」「地域のニーズにあわせた子育て支援の充実」「待機児童解消のため保育の受け入れ人数を増やす」などの取組みが行われている。

参考文献
無藤隆・民秋言『NEW 幼稚園教育要領・保育所保育指針ガイドブック』フレーベル館，2008年。

■ ■ ■ ■ コラム⑤ ■ ■ ■ ■

保育者の使命とは
――マザー・テレサの言葉から考える――

　保育者の使命とは何でしょうか？
　マザー・テレサの言葉に究極の保育者の使命が謳われています。

　　　　あなたは　　この世にのぞまれて生まれてきた　　大切な人
　　　　　　　　　　　　　　　　　　　　　　　――マザー・テレサ『愛の言葉』より。

　マザー・テレサは，ゴミ箱に捨てられた赤ん坊を見つけ連れて帰り育てたのが始まりで，恵まれない子どもたちのための施設「子どもの家」をつくりました。「赤ん坊は，神様からの贈り物」だという信念のもと，親に捨てられた子，道端にいたホームレスの子，刑務所で生まれた子，障害のある子などをしっかりと抱きしめ，どんな子どもがきても受け入れを断りませんでした。
　子どもとともに生きる保育者の道を選んだみなさんもマザー・テレサのように信念と覚悟をもち，保育者としての人間性を磨いていきましょう。
　美しい言葉やさりげない柔らかな物腰が身についている保育者は，自然と子どもたちが安心して過ごせる雰囲気を醸し出しています。
　子どもたちの澄んだ瞳は，保育者の些細な表情を見逃しません。
　子どもの前に立つ保育者の最高のおしゃれとは何だと思いますか？
　高価な洋服やお化粧ではありません。「いつもあなたを受け入れていますよ」と思わせる温かいまなざしや，保育者の生き生きとした表情や笑顔です。保育者をめざすみなさんの笑顔が，子どもの未来を照らす希望の光になるのです。

　　参考文献
　　マザー・テレサ，いもとようこ（絵）『愛のことば』女子パウロ会，1998年。

第 3 章

人と関わる力を育てる

> 1　10の姿として，このほかに「健康な心と体」「協同性」「社会生活との関わり」「思考力の芽生え」「自然との関わり・生命尊重」「数量・図形，文字等への関心・感覚」「豊かな感性と表現」があげられている。中央教育審議会「幼児教育部会における審議の取りまとめ」2016年。

> 2　文部科学省「子どもたちのコミュニケーション能力を育むために」2011年。

> 3　5領域
> 教育の「ねらい」と「内容」を発達の側面からまとめたもので，「健康」「人間関係」「環境」「言葉」「表現」の5つからなる。

　幼児期は「環境を通して行う教育」を基本とし，遊びを通しての総合的な指導を通して育みたい資質・能力として「個別の知識や技能の基礎」「思考力・判断力・表現力等の基礎」「学びに向かう力，人間性等」の3つの柱を踏まえつつ，「幼児期の終わりまでに育ってほしい姿」として，「言葉による伝え合い」や「自立心」「道徳性・規範意識の芽生え」など10項目が示されました。3つの柱のうちのひとつ「学びに向かう力，人間性等（心情・意欲・態度が育つなかで，いかによりよい生活を営むか）」をみても，人と関わる力を育てることが重要な鍵のひとつとなると考えられます。

　しかし，コミュニケーション能力の低下により，近年，子どもたちが自分の感情や思いをうまく表現することができず，容易にキレるなどの課題が指摘されています。

　「人は人のなかで育つ」と言われますが，「人と関わる力」とはどのようなものでしょうか。またどのように培われていくのでしょうか。

　乳幼児期は，人間形成の基礎を培う重要な時期です。この章では，5領域の「人間関係」のねらい及び内容を踏まえながら，子どもが人と関わる力をどのように育んでいくのか，そのためにはどのような配慮が必要となるのか，エピソードとともに考えていきたいと思います。

第1節　信頼感に支えられた生活

写真3-1　新生児（生後2日目）

※掲載写真はすべて筆者が撮影し，幼稚園・保育所または保護者に承諾を得ている。

　赤ちゃんは，お母さんのおなかのなかで約10か月過ごして生まれてきます（写真3-1）。真っ赤な顔をして泣く赤ちゃんは，大人の手によって生活のすべてを守られ慈しまれながら，すくすくと成長していきます。"赤ちゃんの仕事は泣くことだ"と言われるように，空腹や眠いなどの生理状態により泣き，おっぱいを飲んだり，おしっこやうんちをしたりする以外は，1日の大半を寝て過ごします。そして，生後2か月もすれば，声を出して笑うようになり，身体も驚くほど大きくなり，身近な大人も徐々に認識できるようにもなってきます（写真3-2）。また，快・不快だけではなく，喜怒哀楽などの情緒も少しずつ分化し始めます。

第 3 章　人と関わる力を育てる

1　赤ちゃんの泣き声に耳を傾ける

　声をかけると，赤ちゃんが大人の声かけに反応して声を出す，すると大人側もさらに楽しくかわいくなって，また声をかけるなどと，相互作用から気持ちと言葉のキャッチボールが起こっていきます。赤ちゃんの泣き声で，おしっこが出たのか，お腹が空いたのか，眠たいのかがわかる人もいます。そこまではわからなくても，なぜ泣いているのだろう，知りたい，わかりたいと注意深く細やかな心で子どもに接することから，基本的信頼感が徐々に獲得されていくのです。微笑などの表情や泣き声・喃語にある小さな子どものサインを見逃さず深い愛情をもって関わること，それも直接ふれあうスキンシップを大切にすることがとても重要で，それが愛着関係の形成につながっていきます。

〈エピソード 1〉　なんて言ったらいいの？――生後 3 か月半の男児（第一子）の母

　乳幼児健診で，赤ちゃんにもっと話しかけるよう言われたのですが，まだ何も話さない赤ちゃんにいったい何と話しかけたらいいのかしらと母親が相談にみえました。

　このエピソードに対して，どのような対応が求められるでしょうか。
　まずはお母さんの話に耳を傾けましょう。第一子でいろんなことが初めてでわからず不安がいっぱいでしょう。また，近くに親戚や知人がおらず，孤立した子育て環境にある家庭も最近では増えています。
　このエピソードでは，母親自らが訪ねてきていますが，これはとても大きな一歩です。ひと言も発さず静かに過ごしているお母さんと話をしながら，子どもにも語りかけつつ，次回の来所をすすめました。次にみえたときから，来所している他の親子の様子を見る機会ができました。そのうちに，少しずつ声を出しながら，あっくんに関わる母親の姿が見られるようになり，父親も同伴を始めました。
　そして，数週間後には「あっくん，なにかな？　おしっこが出たのかな〜？」「ママとトイレでおむつを替えに行きましょうねぇ」と，あっくんの顔をのぞき込みながら声をかけ抱っこしたり，笑顔であっくんの身体に手で触りながら話しかける母親の姿が見られるようになりました。

写真 3-2　乳児
（生後 2 か月半）

➡ 4　喃語
「あ〜あ〜」や「う〜」など。言語を獲得する前段階に乳児の発する声。言葉の芽。

➡ 5　愛着（attachment）
特に幼児期までの子どもと養育者との間に形成される母子関係を中心とした特別な情緒的な結びつきのこと。たとえば，他の人が慰めて泣き止まないのに，母親が抱き上げるとすぐに泣き止むなどは，愛着が形成された証といえる。なお，愛着理論で有名なボウルビィ（Bowlby, J.）によると，愛着には 4 つの発達段階がある。

このエピソードからもわかるように，子どもの育ちにとって，大人の子どもへの語りかけやスキンシップはとても重要です。それと同時に，子どもを支える家庭の不安を受けとめたり，一緒に子育てについて考えたりする支援を行うことも求められます。現代では，子育てに限らず情報量が非常に多く，情報が氾濫しているとも言われています。それだけに，さまざまな情報に混乱し悩んだりすることも増えており，情報を読み解く力やメディア活用力も必要となっています。しかし，子どもの発達は一人ひとり異なりますし，家庭の状況や考え方もさまざまです。同年齢の子どもをもつ親同士，また先輩ママ・パパたちとの交流が自然にでき，そのなかで子どもへの関わり方を習得していけるような場と機会（共育ち）が，"子育て，子育ち"には大きな力となります。子育て支援の充実が，多くの保育施設に課せられているゆえんです。

2　人やモノをじっと見つめる

　「保育の心理学」や「乳児保育」等の授業で，子どもの発達や保育・援助について勉強していることと思いますが，赤ちゃんの発達と合わせながら人間関係の育ちの芽を見てみましょう。
　赤ちゃんの発する「ンマンマ」「アーアー」といった声"喃語"は言葉の芽と言われるように，個人差は大きいものの徐々に言語の獲得へ向かいます。また，多くは6か月頃から2歳前後まで，日頃見慣れない人に声をかけられたり出会ったりしたときに怖がったり嫌がったり泣き出したりする"人見知り"が始まります。親に抱かれているときに声をかけられ，一度は顔を背けたものの，振り返って見つめ，目が合うと顔を親の胸に埋めたり，親の後ろからそっと覗いたりすることもあります。人見知りが見られない子どももときにはいますが，いつもそばにいる人とそうではない人とを認識することができている証で，大人が泣かれて困るのではなく，子どもの成長と喜ぶべきものなのです。特定の大人と深い情緒的なつながり，愛着が形成された証といえます。
　また，0歳6～7か月頃の赤ちゃんは，ハイハイからお座りができるようになると，両手が使えるようになり，目線も高くなるので，モノに興味を示し，手に取ろうとしたりしゃぶったりし始めます。おもちゃを触っているときには周りの大人には注意が向かない，あるいは

第3章　人と関わる力を育てる

写真3-3　安らぐ保育室（0歳児クラス）

写真3-4　ボールを追ってハイハイ　　写真3-5　これ何だろう　　写真3-6　いないいないばあ
　　　　（0歳9か月）　　　　　　　　　　　（0歳9か月）　　　　　　　（0歳9か月）

➡6　三項関係
乳児が，モノを意識するだけでなく，大人がそのモノに注意を向けていることを意識するようになることをいう。

➡7　言葉の獲得
「マンマ」などの一語文から二語文，多語文，従属文と発達していき，4歳頃にはおしゃべりが盛んになる。

　人と関わっているときにはモノには注意が向かない二者間の関係を"二項関係"と呼びます。それが，9か月頃になると愛着のある大人と同じモノを見る"共同注意"や，大人が見ているモノを見る"視線追従"などといった三者間の関係"三項関係"へと認識世界が広がっていきます。モノのやりとりだけではなく，心のやりとりも始まるのです。それが，人との関わりの芽であり，言葉の獲得へとつながっていきます（写真3-3～写真3-6）。
　初歩や初語が見られる1歳前後には，三項関係でもある"指さし"行為も始まり，何かを見つけては人差し指で指し示し，大人の顔を見て「オー」「アー」や「ブーブー」と発見の喜びを伝えます。この時期の子どもは，たくさんのものに気づき，目を留め興味をもち，それら一つひとつを指さし，大人の顔を見ることを繰り返します。その言動に，「ほんとだ，赤い車だね」「うわあ，犬がワンワンって吠えてるね」「あ，大きなバスが来たね」などと頷いたり反復したり代弁したりと大人が応えることで，子どもは確認したり共感したりしながら，心を通わせる安心感だけでなく，言葉の獲得にもつながります。そして，また次の人，モノ，ことに出会ったときに，指さし声を出し伝え

たくなるのです。

　また，1歳を過ぎる頃から，自分の意思をはっきりと出し始めます。他者との共有が楽しい一方で，自分は自分との主張が多くなり，何でも自分でしたがり，"イヤ！"を連発したりします。この時期の子どもの姿は，大人側からすれば，扱いにくく困ってしまうように捉えられがちですが，自我の芽生え，自己主張で，大きな成長の一歩でもあるので，より子どもの思いに寄り添うことが重要となります。

〈エピソード2〉　うちの子，発達が遅れてる？――生後1歳8か月の男児（第一子）

　ゆうくんは，保育所で友だちにかみついたり押したりと，言葉が出るのが少しゆっくりだったこともあり，いつもイライラした緊張状態が続いていました。このような状況が続いていたある日，お迎えにみえたお母さんから次のような相談を受けました。

　「この子，ちっとも笑わないし，抱いても突っ張ったり反ったりするんです。うちの子，何か発達に遅れでもあるのかしら？　下の女の子は手もかからないし，かわいいんだけど……」

　保育中には，くすぐり遊びなどの直接身体に触れる遊びを繰り返し行うなど，ゆうくんとの時間を意図的に設け，送迎時には，園での様子を伝えながら，お母さんがリラックスできるよう，何でも話せるよう配慮を行いました。2か月後，「♪ネズミネズミドコイキャ，ワガスヘチュッチュクク，ネズミ……♪」とわらべうたを歌いながら，一人ずつ膝にのせくすぐり遊びをしていると，ゆうくんが横で友だちと保育者の遊びを一緒になってニコニコしながら見ています。そして自分の番が来ると，"かいっ！　かいっ！"と言って，人差し指を立てて顔を見て，もう1回してと催促，よく笑うようになり言葉も出始めました。またお母さんとの面談を通して，第二子の誕生により，ゆうくんと関わる時間と心のゆとりがなくなっていたこと，また動く赤ちゃんに興味を示したゆうくんが赤ちゃんに接しているのが乱暴に見え，それを叱る……という悪循環に陥っていた様子が見えてきました。

　このエピソードに限らず，子どもを抱えて職場復帰したばかりの保護者には，生活のペースもまだ確立できず疲れていたり，または子どもの発達に何らかの課題があるのかなど不安があったり，その両方が重なっていることも考えられます。まずは焦らず否定せず親の話に耳を傾けましょう。そして，園生活における子どもの様子をよく観察してみることから始めましょう。

➡8　わらべうた
子どもたちの遊びや生活のなかから自然発生的に生まれ，伝承されてきた歌や遊び。

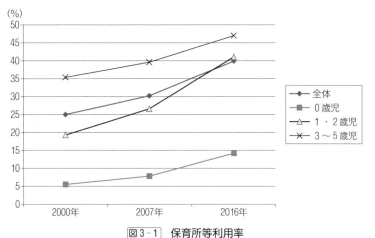

図3-1　保育所等利用率

出所：厚生労働省「保育所等関連状況取りまとめ」2016年より作成。

3　日常の小さな積み重ね

　抱き癖がつくからなるべく抱かないようにしたほうがよいという人がいますが，本当にそうでしょうか？　十分に抱っこしてあげましょう。心が満たされれば，子どもは自ら次の世界へ働きかけていきます。抱っこを含めて子どもとの関わりは，これぐらいでいい，十分に接しているからと大人が一方的に決めるものではありません。心がどれだけ届いているか，子どもと大人の気持ちが通いあっているかどうかが大切なのであって，関わる時間の長さや量だけで判断するものでもないのです。ゆったり温かく心身にゆとりをもって子どもに関わっていくことが大切です。

　「這えば立て立てば歩めの親心」という子どもの成長を願う諺（ことわざ）がありますが，次へ次へとはやる心を落ち着かせ，「いま」を大切に子どもと向き合いじっくり関わることが大切です。このような日常の小さな積み重ねから，人との関わりの芽が子どもに育まれていくのです。子どもが大きく成長するまでの見通しといまの両方を心に留めておくことが大切です。

　特に，現代では，待機児童問題が大きく取り上げられているように，1日の生活の大半を保育所や認定こども園，小規模保育所等で過ごす子どもが増えています（図3-1）。就学前児童の保育所等利用率は39.9％，うち，3歳未満児は32.4％です。なかでも1・2歳児は増加傾向で41.1％，0歳児は14.2％です。保育所は，「入所する子ども

▶9　待機児童
子育て中の保護者が入所を希望するも，保育所や認定こども園等保育施設に入所できない状態の児童のこと。社会現象となっている。

▶10　厚生労働省「保育所等関連状況取りまとめ」2016年。

写真3-7 バケツを持ってお出かけ（1歳2か月）

写真3-8 引いたり肩に下げて歩くおもちゃ

写真3-9 壁面の手づくりおもちゃ（感触の異なる布）

の最善の利益を考慮し，その福祉を積極的に増進する」児童福祉施設で，子どもの生命の保持，情緒の安定を図る責任があります。保育者は，発達課題を押さえたうえでの援助を行っていくことに加えて，家庭・地域と連携しながら，園にいる集団生活のなかでの子どもの姿と家庭での生活や遊びにおける姿との連続性を踏まえて，子どもの育ちを考えていかねばなりません。

→11 厚生労働省「保育所保育指針」2008年，p. 2（第1章「総則」の2「保育所の役割」の(1)）。

第2節 伝え，気づき，育ちあう関係
―― 表現することと自己抑制・自己調整

1 子どもの育ちに関わる環境

　家庭のなかで培われた基本的信頼感を基盤に，他者に気づき，他者との関わりを紡ぎ始めますが，それはいつ頃からでしょうか。
　まだ言葉も出ていない乳児期から，子どもは周囲の"人，モノ，こと"に気づき興味をもち始めます。どのような遊びや生活を送るのか，環境は子どもの成長に大きな影響を与えます。
　触ったりなめたり，容器に入れたり出したりする遊びなどを繰り返し行う乳幼児期には，赤ちゃんがひとり遊びをたっぷりとできるよう，モノ（おもちゃ），空間・場，時間などの環境の十分な保障が必要です（写真3-7～写真3-9）。また，視覚・聴覚・触覚などの五感が育まれるのもこの時期ですから，環境への細やかな配慮が求められます。

→12 五感
視・聴・触・味・嗅の5つの感覚で，これらによって外界の状態を認識する。

いつの間にか手をつなぎ歩く。

カップに水を入れたり出したりがおもしろい。

子ども4人が何やら話してにこにこ。

食後の片づけ中に友だちとの椅子押し遊びに。

写真3-10　1歳児クラスの様子

子どもの人との関わりは、前述したように、二項関係から三項関係へと、生活・遊びのなかで少しずつ芽生え広がりを見せます。また、乳幼児の遊びにおける社会的関係を「ひとり遊び、傍観、平行（並行）遊び、連合遊び、協同遊び」の形態に分けられるとされているように、子どもが遊んでいる姿には、さまざまな人との関わりの様相が見られます。

それぞれが、ひとり遊びをしながらも同じような遊びをしている子どもの姿が見られるのが平行（並行）遊びです。自分の遊びに集中しているのですが、近くにいる友だちの様子も目に入り感じています。一緒にいる安心感も生まれますし、見つめあってにっこり笑ったり、手をつないだり遊びが生まれる姿も見られ始めます（写真3-10）。

2　友だちのなかで育つ

心身の成長の著しい乳幼児期は、その個人差も大きいものですが、次の2つのエピソードからは、子どもの成長に環境が大きく作用していることがうかがえます。

→13　パーテン（Parten, M. B.）は幼児の遊びの研究を行い、集団生活のなかでの子どもの行動や遊びをその形態で分類して示した。
Parten, M. B. (1932). Social participation among pre-school children, *Journal of Abnormal and Social Psychology*, 27, 243-269.
なお、「ひとり遊び」は他の子どもたちと関係をもたず、1人で自分だけの遊びに熱中するような行動。「傍観」とは他の子どもが遊んでいるのを見て、質問したり、遊びに口出ししたりするが、遊びに加わらないことをいう。また2、3歳頃から見られる「並行（平行）遊び」は、他の子どものそばで、同じような遊びをしているが、相互に干渉したりはしない遊びのこと。また「連合遊び」も3、4歳頃見られ、他の子どもと一緒に1つの遊びをし、おもちゃの貸し借りが見られることをいう。しかし、分業などは見られず、組織化されていない。「協同遊び」は、5歳以降に見られる、何かをつくるとか、ある一定の目的のために、一緒に遊ぶことをいう。役割分担や組織化がなされ、リーダーの役割を取る子どもが現れる。

〈エピソード3－1〉　これ全部ぼくの——3歳男児（第一子）：保育所

　4月に男児が3〜5歳縦割りクラスに入園してきました。こうたくんは，両親が職場復帰した後も，3歳になって入園するまで，自宅で祖母と1対1で過ごしていたそうです。入園して毎朝泣いていたこうたくんですが，1週間ほど経って折り紙やブロック遊びを始めました。それは見事なものを次々とつくるので，クラスの子どもたちが「うわぁ上手」「見せて見せて」と見に来たり，こうたくんの横にあるブロックを「ひとつ貸して」と言って近寄ると，突然友だちの腕に噛みついたり，おもちゃに覆い被さっています。

〈エピソード3－2〉　来んで！　なに？——4歳女児（第二子）：幼稚園

　保育室からぎゃーと叫び声が聞こえ「ゆみちゃんが……，ゆみちゃんが……」と4歳児クラスの子どもたちが大騒ぎ。転入してきたばかりの帰国子女ゆみちゃんが，自分の前を通る友だちを突然突き飛ばしたり，椅子を投げつけたりしているのでした。このゆみちゃんの姿は2週間ほど続きましたが，ピタッと止まりました。

　エピソード3－1のこうたくん，エピソード3－2のゆみちゃんの2人の子どもは，新入園によって環境が大きく様変わりし，それに適応できていないのがよくわかります。

　こうたくんは，指先の動きや認知力などの目に見える力の育ちと，人と関わる力のアンバランスが出ています。入園までは遊ぶおもちゃのすべてが自分のモノだったのですから，友だちが来ると驚き，取られるからと反射的に拒否してしまっています。同年齢の友だちと一緒に遊ぶ経験がなかったとのことでした（※保護者と面談より）。

　一方，ゆみちゃんは，年の離れたお兄ちゃんとふたりきょうだい。日本に帰国するまでは，少人数で広々とした空間の保育室で自由に過ごしていたそうです（※保護者と面談より）。自分と人との距離感が大きく変わり，近くに人が近寄ってくることへの戸惑いや不安の現れだったのでしょう。

　子どもは，日々の積み重ねのなかで，少しずつ友だちとの関わりを学びながら"人間関係"を形成していきます。相手の意をくみながら自己主張しながら，目的に向かって協働するという力を育むことは，一足飛びにはいかないものです。

〈エピソード4〉　じゃんけんで順番決め──3歳男児（第三子）：幼稚園

　保育中に，おもちゃの取り合いや並んだりするときに，ちょっといざこざが起きると「順番順番！　じゃんけんしー！」と言うたかしくん。それも，両者の言い分や状況の違いにかかわらず，いつでもすぐに「じゃんけん！」と解決を迫るのですが，いざ自分のこととなると，なかなか納得できませんし，まだじゃんけんの勝敗もうやむやです。

　「自分が使いたいおもちゃを，友だちAちゃんも使いたいのだ」「この間は自分が先に使ったから，今度はBちゃんから」などと自分の気持ちと同様に他者の思いもあることに，生活や遊びのなかで気づけること，また，相手や状況に応じて，自分の気持ちを主張したり譲歩したりできるようになることが大切ですね。
　エピソード4のたかしくんは，友だちのおもちゃを取ってしまうからと，母親からいつもきつく怒られているそうで，"順番"という言葉だけが先行して，相手を理解しての納得した解決策としての"順番"ではないようです。

〈エピソード5〉　ごめんって言えばいいっちゃろ──5歳男児：幼稚園

　年長児保育室に，「けんかしたらごめんとすぐにあやまろう」と大きく書かれた紙が貼ってありました。降園時間が近づいてきた頃，「なーん，さっきからごめんって言いようやん。ごめんって！」と言うひろしくんの大きな声がしました。ひろしくんが友だち数人で立って言い寄っている先には，涙を浮かべたようくんが座っています。

　「ありがとう」「どうぞ」「ごめんなさい」「いいよ」と言うことは人との関わりにおいてとても大切なことです。しかし，このエピソードのように，謝っている側が声高に言い募っている場面を見たことはありませんか？
　みなさんは，意見が食い違ったときに，相手にどのように話しますか？　落ち着いて説明できますか？　すぐに諦めますか？　怒り出してしまいますか？　何も言えない人もいるでしょう。
　確かに，謝ることは大切なことですが，相手の言い分を理解し，心のこもった謝罪なのかどうかが大切ですよね。
　年長児になると，言葉も増えてきます。力づくではなく，相手を思いやり，耳を傾けつつ自己主張をする，対話ができる人間関係，風土

砂場遊び　凧あげ　絵本コーナー　かるた遊び

写真3-11　友だちといっしょ　楽しい！　わくわく！

が大切です。今一度，子どもを取り巻く環境，大人の人間関係も見直してみましょう。

　人と関わる力には，自己主張と自己抑制の両面があり，自己調整力には，自己抑制的側面だけではなく，自己主張的側面も重要であることを柏木（1988）が示唆しました。山本（1995）は，自己主張の形態が，叩く，取るといった非言語的主張から言語的主張へと質的変換を遂げていることを幼児の解決方略研究から明らかにし，鈴木（2005）は，自己調整の発達的特徴を欲求と規範の関係性から捉え，年少児を「欲求の衝動的表出」，年中児を「規範と欲求の葛藤」，年長児を「欲求と規範の融合」と示しています。さらに，4歳から5歳の協働性・自己調整力の質的変容に着目した縦断研究では，自己調整力と協働性が伸びている幼児の全般的傾向として，自己抑制と自己主張がバランスよく表れていることが明示されました。

　心身の発達は一人ひとり異なります。子ども一人ひとり，あるいは集団として，また状況に応じて，子どもの育ちに即した援助を日々模索していくことが保育者には求められます。特に，人と関わる力は，さまざまな経験のなかで育まれていくものですから，焦らずじっくり子どもを観察することがまずは必要となります。エピソード4やエピソード5のように，子ども自身が理解せぬまま言葉だけが先行した形骸化したものでは，相手を理解し尊重した本当の意味での人との関わりとはなりません。失敗したり悔しい思いをしたり，楽しい喜びを伴った友だちとの関わりの実体験のなかで，子ども自身が培っていくも

▶14　柏木惠子『幼児期における「自己」の発達』東京大学出版会，1988年，pp. 91-109。

▶15　山本愛子「幼児の自己調整能力に関する発達的研究2——幼児の対人葛藤場面における自己主張解決方略について」『教育心理学研究』第43巻第1号，1995年，pp. 42-51。

▶16　鈴木亜由美「幼児の日常場面に見られる自己調整機能の発達——エピソードからの考察」『京都大学大学院教育学研究科紀要』第52号，2005年，pp. 373-385。

▶17　森暢子・鈴木正敏・秋田喜代美・無藤隆・小田豊・芦田宏・門田理世・中坪史典・上田敏丈・野口隆子・箕輪潤子「幼児のパターンブロック課題解決方略の検討(2)——小集団内での自己調整能力に着目して」『日本乳幼児教育学会第23回大会発表論文集』2014年，pp. 198-199（一連の発表は，平成23-27年度文部科学省科学研究費基盤研究(A)「保育・教育の質が幼児・児童の発達に与える影響の検討（研究代表者：秋田喜代美）」の研究の一環である）。

第3章　人と関わる力を育てる

のこそ本物の人と関わる力となります（写真3-11）。

　子どもたちが、どのように自分の気持ちに気づき表現するのか、相手を思いやる気持ちをどのように育んでいるのか。他者との関わりのなかでのつまずきも含めた日々の積み重ねが重要であることを心に留め、子どもを観察し、焦らずじっくり援助していかねばなりません。粘り強く、共に考え試行錯誤していくしなやかな心は、子どもを育てていく大人の側にも求められるものです。子どもは身近な大人を映しています。目の前にいる子どもの姿を受容するには、自分自身をよく見つめ知ることから始まります。

　自己抑制と自己主張の両方がうまく機能してこそ主体的行動につながること[18]、保育者自身が子どもに大きな影響を与える環境のひとつであることを常に心に留め関わるよう意識することが大切です。大人が、子どもとともに"友だちと遊ぶと楽しい、おもしろい、わくわくする"と実感できる生活のなかでこそ「学びに向かう力や人間性等」が高められていくでしょう。

[18] 山崎晃・白石敏行「幼児の自己実現を自己主張と自己抑制からとらえる」『保育学研究』第31巻、1993年、pp.104-112。

第3節　成長に必要な経験のなかで
――人との関わりのなかで広がり深まる意欲・行動

1　子どもの姿を捉える

　子どもの生活・遊びの姿の何をどのように捉えていったらよいでしょうか。大人・保育者の捉え方ひとつで子どもの育ちも遊びも保育の計画も大きく変わっていきますので、子どもの姿の捉え方は、とても重要な課題です。

　子どもたちは何の遊びをしていますか？　子どもはその遊びに没頭していますか？　満足感や充実感は味わっていますか？　工夫したり試行錯誤したりしながら遊んでいますか？　その遊びは誰とどのようにして始まり、どう展開していきましたか？　保育者はどのような援助・環境構成を行ったらよいのでしょうか、あるいは必要となるでしょうか。その後、子どもの姿・状況はいかがなものでしたか？　そうして、これからの子どもの興味・関心や意欲、遊ぶ姿を予想し、今後の保育を計画していくのです。

　さまざまな"人、モノ、こと"に出会ったときの子どもの思いをそ

➡19 個と集団の両面から捉える重要性については，鯨岡峻『ひとがひとをわかるということ——間主観性と相互主体性』ミネルヴァ書房，2006年を参照。

の変化とともに捉え，記録しておくことが大切となります。それも数人やグループ，クラス集団のなかで，子どもの思いがどのように動いているのか，一人ひとり異なりますから，個と集団の両面から子どもを捉えることを保育者は求められるのです。

2 子ども主体で展開する園生活・遊び

〈エピソード6〉 ひと晩で氷が張った——5歳児2月：幼稚園

雪がちらつく2月の朝，霜柱を探す子どもたち，裏山で遊び始める子どもたち。前日に貯めた水が凍ったビニールシートの手づくりプールでは，年長児が嬉々としてそりを滑らせ始めました。気づいたらそりはプールの真ん中。棒で寄せようとするがなかなかうまくいきません。一人の男児が「いいよ，僕が入って取ろう」と踏み出すとぱりぱりと氷が割れ，濡れた足は冷たさで痛くてたまらないよ

氷の上に次々とそりをすべらせた。困った，手が届かない。

棒でやってみようか。

基地づくり。

けん玉どっちが長くできるかな。

いいよ，僕が入って取ろう。

今度は裏山に行こう！

う〜，冷たくて足が痛い。

さ，着替えよう，次は何して遊ぼう。

あ〜，おもしろかった，片づけよ。

※広島大学附属幼稚園にて筆者撮影。

うです。遊びに満足した子どもたちは誰彼ともなく片づけ始めました。片づけ終わると足が濡れた男児は、テラスの端から着替え用シートを引っ張り出してきて着替え始めました。そして今度は裏山へと遊びに向かっていきました。

エピソード6は、翌朝の冷え込むという予報に貯めた水が凍り大喜びでそりを滑らせたり、裏山で基地づくりやけん玉・コマ回しをしたりするなど、思い思いの場所で友だちと遊ぶ年長児たちの姿です。寒くて凍てつくなかでも遊び回る健康で強い身体、大人に頼ることなく自分たちで遊びをつくり出し仲間と工夫していく、そしてたっぷり遊んで満足すると自ら片づけ、今度はまた別の遊びへと向かっていっています。冷え切ったテラスにシートを敷いて着替える姿、裏山へ遊びに向かう堂々たる後ろ姿に、生活・遊びのすべてが子どもたち自身の手に委ねられている様子がうかがえます。

まさしく、「幼児期の終わりまでに育ってほしい姿」の「健康な心と体」「自立心」「協同性」「道徳性・規範意識の芽生え」「社会生活との関わり」「思考力の芽生え」「自然との関わり・生命尊重」「数量・図形、文字等への関心・感覚」「言葉による伝え合い」「豊かな感性と表現」が現れています。この年長クラスの2月までの保育・園生活のなかで大切に紡がれてきたものは何なのかを考えてみましょう。

遊びは本来自由感あふれるものです。子どもが自ら始め、周囲の環境に関わり、つくり出し、取り組み、自ら片づけ、完結させてこそ"遊び"と言えるのです。[20]

[20] 小川博久『4～5歳児の遊びが育つ──遊びの魅力』フレーベル館、1990年。

3 友だちとの協働の喜び

また、遊びは、子どもが没頭して、あるいは友だちと関わりながらつくり出していくものです。自分の思いを出しアイデアを交換し知恵を出しあい、試行錯誤したりイメージを共有したりと協力しながら、仲間と遊びをつくり出していくのです。そこに、一人ではできないダイナミックな遊びが生まれたり、よりおもしろさが増したりとする実体験のなかで、協働の喜びを味わっていくことが大切です。

〈エピソード7〉 今日、言えたね──5歳女児3人：幼稚園

さらちゃんが「先生来て！」と呼びに来ました。ブランコで遊んでいたら、みきちゃんとようこちゃんが大げんかを始めたというのです。いつもなら間に立っ

て困って泣いて何も言えないさらちゃんが初めて助けを求めてきたのです。すると，ぷりぷり怒って離れていた2人が戻ってきて，それぞれの思いをぽつぽつと話し始め，互いに納得して謝り，3人でまた遊び始めました。

　保育後に先生に伺うと「いつもは泣いてばかりのさらちゃんが初めて自分から助けを求めてきたこと，2人の友だちに思いを伝えられたこと，みきちゃんとようこちゃんも自分の主張ばかりでなく，相手の話に耳を傾けたこと，素直に気持ちを言えたことがとてもうれしかった」と仰っていました。日頃から，子どものことをよく見ておられ，子どもの成長に見通しをもち，喜びをもって保育しておられる様子が垣間見えました。

　真の意味での協働までには，楽しい，わくわくする経験と同時に，悔しかったり腹が立ったり悲しい気持ちになるなど，うまくいかない葛藤体験もたくさんすることでしょう。まずは，人と関わるなかで，自分の思いや考えを言葉にして出せること，自己主張できることが大切です。しかしその主張は，拒絶や抗議ではなく，説明・提案・要求・説得するなど，相手の気持ちを推し量りながら，相手の意見を取り入れながら自己主張すること，よく考えることが必要となります。ときには，自分の意にそぐわないことも多々あるでしょう。そんな場合でも，我慢したり決まりを守ったりする大切さに気づき，ルールを守ってみんなと協力しあう，そうやって，相手とも自分とも折り合いをつけていくということは，人と関わるうえでとても大切なことです。こういったさまざまな経験を積み重ねるなかでこそ，自己抑制と自己主張という2つの側面がバランスよく備わることにつながり，自己調整力として働き始めるのです。

　そこに至るまでには，大人の援助が必要な場合も出てきます。必要な時に必要な援助をすること，これは，子どもの姿を見つめ気持ちや発達を理解すること，どうしたら最後まで諦めずに根気強く意欲的に物事に取り組んでいけるのか，援助の方法もタイミングもすべてにおいて見極めることはとても難しいことです。しかし，それが保育者の

大切な役割であり，保育の醍醐味なのです。

　相手を思いやり支えあいながら自分らしく表現したり主張したりできる，他者と自分を尊重しながら好奇心いっぱいに仲間と生活や遊びを子ども自らの手でつくり出していけるような「子ども主体の保育」のなかでこそ，人との関わりは深みや広がりを増し，生きていく力も高まっていくことでしょう。

参考文献

鯨岡峻「人はみな，育てられて育つ」『家族看護学研究』第13巻第3号，2008年，pp. 177-184。

小田豊・秋田喜代美・芦田宏・鈴木正敏・門田理世・野口隆子・箕輪潤子・淀川裕美「子どもの経験から振り返る保育プロセス――明日のより良い保育のために」財団法人こども未来財団，2011年。

門田理世「保育の質を確認するまなざし――SICS子どもの経験から振り返る保育プロセスから」『保育学研究』第49巻，2011年。

秋田喜代美ほか（編著）『今に生きる保育者論』みらい，2007年。

秋田喜代美『保育の温もり――続保育の心もち』ひかりのくに，2014年。

無藤隆・岡本祐子・大坪治彦（編）『よくわかる発達心理学』ミネルヴァ書房，2004年

無藤隆・古賀松香（編著）『社会情動的スキルを育む「保育内容人間関係」』北大路書房，2016年。

鯨岡峻『ひとがひとをわかるということ――間主観性と相互主体性』ミネルヴァ書房，2006年。

今井和子『子どもとことばの世界』ミネルヴァ書房，1996年。

北野幸子「保育所保育指針にみる乳幼児の最善の利益を考慮する保育を考える」小田豊・森眞理（編）『子どもの発達と文化のかかわり』光生館，2007年

鯨岡峻『子どもの心の育ちをエピソードで描く』ミネルヴァ書房，2013年。

佐伯胖（編）『共感――育ち合う保育のなかで』ミネルヴァ書房，2007年。

小川博久・岩田遵子『子どもの「居場所」を求めて』ななみ書房，2009年。

西村清和『遊びの現象学』勁草書房，1989年。

第 4 章

環境に関わり生きる力を育てる

第1節 保育実践の場における環境とは

1 環境を通して行う指導

　園生活において，子どもが生き生きとした表情で，主体的に生活や遊びを展開していく姿は，すべての保育者の願いではないでしょうか。

　「幼児がそれぞれの発達に即しながら身近な環境に主体的に関わり，心動かされる体験を重ね遊びが発展し生活が広がる中で，環境との関わり方や意味に気付き，これらを取り込もうとして，諸感覚を働かせながら，試行錯誤したり，思い巡らせたりする[1]」とあるように，保育実践の場では，環境を通して行う保育を基本として，子どもの自発的な遊びを中心とした指導を行っています。

　日本の幼児教育の父とも称される倉橋惣三は「幼稚園とは幼児の生活が，その自己充実力を十分発揮し得る設備と，それに必要な自己の生活活動の出来る場である」，また幼稚園は「先生が自身直接に幼児に接する前に，設備によって保育するところであります」と述べています[2]。また，倉橋は「生活を生活で生活へ」という言葉を提唱してきました。それは，幼稚園・保育所などの保育施設での生活を，子どものありのままの姿を壊さぬような方法で実現させていくということなのでしょう。幼稚園や保育所は教育の場である前に，子ども自身の場所であり，子どもが自分の生活を充実する工夫を自らもっていることを信頼して，それを発揮できるように準備をしておくことが，保育実践における，真の環境構成といえるのです[3]。子どもが主体的に遊びや生活のなかで環境に関わり，五感を使って物事の美しさを感じ取ったり，おもしろさ，不思議さに気がついたり，過去の経験を活かして試したり，工夫したりすることができる環境，そのような心揺さぶられるような場をつくることが求められるのです。

　小学校以上の教育のように教科書がない保育実践の場において，何をどのように準備すればよいのか，その手だてを探るために，まずは子どもを理解することが必要です。目の前にいる子ども一人ひとりに，いま何が育とうとしているのか，何を育てなければならないのか，そのことを理解して初めて必要な環境を見出すことができるのです。

[1] 中央教育審議会「幼児教育部会における審議の取りまとめ」2016年。

[2] 倉橋惣三『幼稚園真諦』フレーベル館，2008年，p. 32。

[3] 倉橋惣三『幼稚園真諦』フレーベル館，2008年，p. 26。

次に、子どもの育ちに必要な環境を準備するために、保育実践の場の置かれた環境を把握する必要があります。子どもにとっての環境とは、子どもが関わるすべての人・モノ・ことを指します。友だちや保育者・地域の人々、園舎・園庭・室内空間やそこに置かれたモノ、そして目には見えず手で触れることのできない時間やその場の雰囲気も、子どもに関わる環境なのです。

その場に子どもが関わることでどのような経験ができるのか、子どもが触れるであろう環境の一つひとつの性質や特性を把握・理解しておくことが重要です。それらの理解は、教材研究にも通じるものです。環境をどのように理解しているのか、またどれだけ理解しているのか、保育者自身の環境への理解度が、子どもの経験の質と量に影響することを自覚しなければなりません。子どもにとって意味のある、価値のある環境とはどのようなものか、保育者自身が探求心をもって環境の理解や教材研究にあたることが、子どもの豊かな経験を保障することになるのです。

また、子ども自身が「こうしたい」「こうなりたい」という欲求を表すこともありますが、言葉で伝えられない欲求、あるいは子ども自身も気がついていない欲求や思いもあるでしょう。目に見える欲求と目に見えない欲求を読み取り環境を構成していくこと、そしてその環境にはいまだけではなく、これまでの子どもの経験と、その後へとつながる経験が組み込まれていることが大切です。過去の経験を活かし工夫しながら「いま」に関わり、そして「未来」へとつないでいけるような環境こそが、子どもの生活にふさわしい環境といえるでしょう。

2 保育実践の場における子どもを取り巻く環境

子どもを取り巻く環境には、園舎・園庭・保育室・遊具などの「物的環境」と、友だち（同年齢児・異年齢児）・保育者・保護者・地域の人々などの「人的環境」があり、また目には見えない時間や雰囲気、音も存在します。子どもが関わる、そして出会う人・モノ・ことのすべてが環境なのです。秋田（2009）は「『物』が教育において意味を持つのは、その子どもとの間に『こと』が成立している『モノ』になるときです。保育者がその『こと』を読み取れるかどうかが、環境や遊びの素材、学習材を考えるときに求められます」と述べています。子どもを取り巻くさまざまな環境は、それぞれが別々に存在してい

→4 秋田喜代美『保育の心もち』ひかりのくに、2009年、p. 28。

写真4-1　園庭の斜面を使っての草スキー①　　写真4-2　園庭の斜面を使っての草スキー②

のではなく，人・モノ・ことが相互に絡み合っているのです。

①園内における物的環境

〈園庭〉

　園内における物的環境には，容易に動かすことができないものと，保育者や子どもが自由に動かすことができるものがあります。建物や園庭の固定遊具や樹木は，創立者や経営者の理念や思いが反映され，長期間変更されないことを前提に設置されている場合もあるでしょう。その園の教育理念（保育理念），どのような子どもに育てたいのかという子ども像が表れているのです。園庭の環境にも子どもに何を経験させたいのかという思いが反映されています。

　写真4-1と写真4-2は，園庭にある斜面での遊びの様子です。子どもたちは，体のバランスを取りながら芝生の生えた斜面を駆け上がったり，駆け下りたり，保育者が準備した段ボールを使って草スキーなどの遊びを展開します。どうすれば滑りやすいのか，繰り返し試したり工夫したりすることもあれば，そこに「下にはワニがいる」などのイメージが加わり，ごっこ遊びが展開されることもあります。この園の子どもは，この斜面を日常的な遊びの場として関わり，運動という身体的発達の側面だけでなく，自然物や人との関わり，言葉でのコミュニケーションや表現など，さまざまな側面を絡み合わせながら経験を積み重ねているのです。

　昨今，地域社会における公園などの遊び場は，遊びの内容が制限されていたり，安全や衛生面に問題があったり，子どもにとって魅力的な環境とは言い難いところも存在します。だからこそ，保育実践の場における園庭は，乳幼児期の子どもにとって，安全かつ魅力のある場であることが求められるのでしょう。木々や高低差があるなど，豊かな自然や変化のある空間は，子どもの心を揺さぶり，自ら環境に関わ

り，さまざまな気づきや遊びを見出すきっかけとなります。また，木に登れる，水が使えるなど，どれくらい子どもに自由度が与えられているのか，ということも場のもつ魅力の度合いに影響します。

　それぞれの保育実践の場，そして保育者の置かれた状況はさまざまです。環境を動かすことができないから，変化させることができないから経験させられない，ではなく，動かせないその環境の特性を理解し，この場でどのような経験ができるのか，何を加えることができるのか，という視点をもつことで，その園独自の創意工夫のある保育を展開することが可能になるのです。

　「園庭の砂場の性質は？」「園庭のどこの砂が泥団子づくりに適しているか？」「どのような樹木が植えられているか？」「園庭にいる虫は？」など，まずは保育者自身が園庭についてよく理解することから，魅力的な環境づくりが始まるのです。

〈園舎・室内環境〉

　室内の環境は，前述の園庭よりも一保育者が変化させることができる自由度が高いといえるでしょう。壁が移動式である場合を除いては，室内の外枠は変更することはできません。また，棚やロッカーが備え付けの場合も移動することはできません。しかし，子どもの動線を考慮し，物の置き方や見せ方などを工夫することは可能です。子どもにとって園での生活は特別なものではなく，日常生活の場ですので，安心しながら生活や遊びに取り組める環境であってほしいものです。

　また食事や持ち物の始末など生活面の環境は，生活の流れをわかりやすく示す必要があります。たとえば，登園した子どもは，カバンからタオルとコップを出して所定の位置に置き，シール帳に今日のシールを貼ってかごに入れ，カバンを自分の棚にかけてから，帽子をかぶって園庭に遊びに出る，という流れがあったとします。その際，タオル掛けやコップ入れなどが，毎日決まった所にあることが重要です。毎日同じ流れで生活をすることで，身の回りの始末の仕方がわかり，自分のことは自分でするという子どもの自立心が育まれます。自立心には始末をするという知識や技能だけでなく，先を見通すという力も関係しています。もし，毎回場所が変わっていたとしたら，子どもは戸惑い一つひとつ「これはどうするの」と保育者に尋ねながら準備をし，常に指示が必要な状態になるでしょう。人に尋ねなくても，声をかけられなくても自分で行うことができて初めて，生活に必要な態度が身についたといえるのです。子どもが環境に振り回されることがな

写真4-3　ままごとのコーナー（道具や素材が種類別に分類されている）
写真4-4　折り紙のコーナー（色・形別に分類されている）
写真4-5　制作物（ドーナツをお店のようにパッケージして掲示）

→5　岩城敏之『子どもが落ち着ける7つのポイント――保育の環境づくり』三学出版，2005年，pp. 44-45。

いように心がけたいものです。

　また，室内環境は保育者の腰から上と下とに分けて考える必要があります。保育者の腰から下の部分は，子どもの目線の高さであり，子どもが主に関わる部分です。そのため，動線を考慮し生活しやすく手に取りやすい物の置き方になっているのか，子どもが「やってみたい」と心揺さぶられるような興味や関心に応じた教材が準備されているのか，ということを意識することが必要となります。遊び空間では，物が秩序立てて整理，分類されていることも大切です。一つひとつの素材が秩序立てて置かれていることで，選びやすい，手に取りやすいというだけでなく，「これとこれを組み合わせてみよう」という創意工夫も生まれます。自然環境のなかなどでは，ときに無秩序な場から遊びが喚起されることがあります。子どもが創意工夫して遊びを展開していくには，秩序と無秩序なもの，両方が必要なのです。また，整理整頓することで自分たちの生活がしやすくなる，ということに子ども自身が気づくためにも，室内においては特に，整理・分類しておくことが大切です。そのような経験が，生活者として物事を秩序立てて考えること，筋道を立てることにもつながっていくのでしょう。

　保育者の腰から上の部分は，子どもが直接的に手にすることは少なく，近づきすぎると見えなくなる部分です。しかし，この腰から上の空間は，その場の雰囲気をつくる重要な部分なのです。保育室の壁面は，子どもの作品を飾ったり，装飾を施したりするのに適しています。子どもの作品を飾る際は，ただ無造作に作品を飾るのではなく，子どもの表現を大切に飾りたいものです。自分の作品が大切に飾られた様子を見た子どもは，自分の表現を大切にしてもらったことを感じとるでしょう。そのことは，もっと表現したいという意欲や，自由に表現してもよいのだという自己肯定観を育むことにも，つながっていくの

です。

〈園内での音環境〉

　現代社会は情報にあふれ，子どもの日常も見るもの・聞くものに取り巻かれています。商業施設や飲食店などでは常に人工的な音が流れていて，聞こうとしなくても音が耳に入ってくる状態です。大人は複数の音のなかから必要な音を識別できますが，子どもは複数の音から自分にとって必要な音を識別することが難しい時期です。子どもが遊びに没頭するためには，集中する必要があります。集中するためには，その物事をよく観て，よく聴かなければなりません。よく観て，よく聴くことで初めてその対象となるものに心や気持ちが向かうのです。

　子ども自身が環境と関わることで，さまざまな音が生じます。積み木を打ち付けるときに生じる「コンコン」という音，バケツに入った水を砂場のダムに流し込むときに生じる「ザバッ」という音，あるいは風が木の葉を揺らす「ザワザワ」という音を聞くこともあるでしょう。音を聞くこともまた，そのモノの特性を理解するために必要な要素なのです。ある保育学生が保育所でのお昼寝の思い出について「お昼寝のとき，先生が鼻歌で子守唄を歌ってくれるのがうれしかった」「先生たちが書き物をしている音や，小さな声で話しているのを聴きながら眠るのが心地よかった」と語っていました。お昼寝の際，オルゴールなど優しい音のCDをかけるのも1つの方法ですが，子どもにとっては大好きな人が自分のために歌ってくれる子守唄のほうが贅沢な環境といえるのかもしれません。また，保育者が子どもの入眠を邪魔しないよう配慮しながら出す生活音は，「先生がそばにいてくれる」という情緒的な安心感を子どもに与えることができるのです。

　楽しい人工的な音楽もときには必要です。しかし，その音がいま必要なのか，その場そのときに応じて見極める必要があるのではないでしょうか。それは，子どもにとって必要な音が子どもの耳に届くための環境の構成です。よく「観る」こと，よく「聴く」ことは，物事の本質を理解することにもつながります。情報にあふれた現代社会において，保育実践の場では，目を凝らし，耳を澄ますことができる環境を整えることが求められます。子どもたちは，そのような環境で日々を過ごすことで，その後の人生において自分自身に必要な情報を取捨選択するための力の基盤を形成しているのです。目には見えない音という環境にも敏感でありたいものです。

②人的環境としての保育者の存在

　子どもは家庭以外の社会を幼稚園や保育所，認定こども園で初めて経験することが多く，家庭においては父親や母親などの養育者と愛着を形成しますが，保育実践の場では，その役割を保育者が担います。子どもは，保育者を愛着の対象として，そこを基盤にしながら周囲の環境と関わり，自分の世界を広げていきます。子どもが新たな人・モノ・ことに関わるとき，そこにはそれまでの積み重ねた経験と，自分を見守り支えてくれる保育者の存在が必要不可欠なのです。保育者に求められることは，まずは子どもを理解し受容することです。ありのままのその子どもを受容することで，子どもとの間に信頼関係が形成されます。子どもはその信頼関係を拠り所として，周囲の環境に興味や関心を向け，自ら関わろうとします。

　また，子ども一人ひとりの発達の特性や道筋を理解し受けとめ，それに応じた適切な援助をしていくことが重要です。援助には直接的な援助と間接的な援助があります。直接的な援助は，言葉をかけたり，手助けをしたりなど，保育者が人的環境として関わること，間接的な援助とは物的環境，ときには友だちなどの人的環境を通じて援助することです。見守ること，子どもを信じて待つこともまた，間接的な援助となります。間接的な援助は子どもの姿から子どもの育ちを読み取り，いまとこれからに必要な経験を環境に託します。しかし，環境に任せきりというわけではありません。保育者は環境に思いを託し見守りつつ，必要ならばすぐに子どものそばに寄り添い支える構えをしているのです。子どもと保育者の間に信頼関係が形成されていれば，子どもは保育者が見守っていてくれるという安心感に支えられながら環境に関わり，遊びに没頭できるのです。

第2節　環境と関わる保育内容の実際

1　自然環境に触れ科学性の芽生えと豊かな人間性を育む

　子どもたちが日々を過ごす園内には，どのような自然があるでしょうか。園庭の大きさや園の置かれた環境によって差はあるものの，砂や泥，木々や花・野菜などの植物，虫などの小動物，風や光など，子

写真4-6 教室前でアリの行進を発見

写真4-7 砂場で山づくり

写真4-8 泥の感触を味わう

写真4-9 野菜の苗を観察

どもは多くの自然環境に包まれながら生活をしています。

　子ども時代に多様な自然のなかで，五感を活用して遊んだ原体験があってこそ，体力，思考力，判断力，想像力，表現力などの実践的な力が構築され，それが生きる力になります。ここでいう原体験とは，水・土・火・木などと関わる体験のことです。現代の子どもたちは日常のなかで，このような原体験，多様な自然に触れあって遊ぶ機会が減少しています。そのため，保育実践の場で自然に出会う場を構成していくことが求められているのです。

　井上らは，「自然とのかかわりに関する限り，明日から使えるお手軽な保育のツールはありません。自然とかかわることで育つものは，子どもの中でゆっくり蓄積し，すぐに目に見える形にならないのです。（…中略…）日々の生活の中で自然要素とふれあい，時間をかけてゆったりと身体を使って遊びこむことを繰り返し重ねることが大切です」と述べています。自然素材は自由自在に変化することもあれば，自分の思い通りにならないこともあります。自然にじっくり向きあうことで，不思議さやおもしろさに触れ，繰り返し試すことで，そのモノの性質や仕組みに気づいていくのです。また，風や光などを遊びに取り込むことで，物理現象にも気がつくでしょう。そのような体験の蓄積が科学の芽を育んでいくのです。

　植物を育てたり，昆虫を捕まえて観察したり，子どもたちは自然の

➡6　原体験
人の思想形成に大きな影響を及ぼす幼少時の体験のこと。

➡7　若杉純子・川村協平・山田英美「幼児における自然体験と感性の関わり」『日本保育学会大会研究論文集』1997年，pp. 690-691。

➡8　井上美智子・無藤隆・神田浩之『むすんでみよう子どもと自然――保育現場での環境教育実践ガイド』北大路書房，2010年，p. 17。

写真4-10 野菜の水やり

写真4-11 野菜の収穫

写真4-12 虫の観察（図鑑で調べる）

写真4-13 自然物を使って顔を表現する

なかでさまざまな生命と出会います。植物は一朝一夕に成長するものではなく、時間をかけて成長する姿を子どもたちに見せてくれます。初めは粗雑に扱うこともありますが、生命の美しさ、神秘さ、不思議さなどに触れることで、子どもたちは、それぞれに命があることに気がつき、そしてその命にはそれぞれ適切な関わりがあることを学んでいくのです。

　日本には四季があり、その時々で自然環境も変化をします。子どもにとって自然が意味のある豊かな環境となるように、自然環境の特性を捉え、長期的な視点で園庭をデザインしていくことが重要です。また、道具や図鑑などの教材も準備しておくことで、子どもの探求心を満たすことができます。そして環境の変化を捉えタイミングよく関わることができるよう柔軟に計画を立て、じっくりと環境に向き合える時間を保障することも心がけましょう。

2　文字・数・図形に触れ身近な日常生活と結びつける

　幼児期において、文字・数・図形との関わりは、子どもの生活と密着したものであることが必要です。幼児期の文字や数への関わりは、小学校の教育における国語や算数とは異なります。紙に印刷された2

次元の世界で教えられて学ぶものではなく，生活や遊びのなかで実体験に基づき，子ども自らその必要性に気がつくことが大切です。子どもの周囲には，自分の靴箱に貼られた名前シール，絵本，室内の掲示物，あるいはお店の看板など，多くの文字情報が存在します。それらの文字情報から，一つひとつの文字があること，そしてそれらを組み合わせた言葉や文章があることに気がついていきます。また，文字や言葉は相手に自分の思いや意図を伝えるものであると同時に，他者の思いや意図を受け取るためのツールであることも感じ取っていくのです。

　数に関しては，欠席の友だちを数えたり，「1人3つ」とおやつを配ったり，生活のなかで数を数える場面がたくさんあります。数字を数える際は，数詞・数唱，集合数や順序数など，さまざまな数え方や概念が，また，数的なものには大きさ，重さ，長さなどの概念が存在します。それらの概念への興味・関心も，子どもの生活に密着したものであって初めて培われていくのです。

　文字や数というツールを理解した子どもは，自分の生活や遊びのなかに取り込んでいきます。文字や数を知ることで自分の生活が豊かになるということを実感できる環境を準備したいものです。

3　文化や行事に触れ日常に潤いをもたらす

　行事には，七夕やお月見など日本の生活習慣や伝統的な文化を伝える行事や，入園式や卒園式など生活の節目に行う行事，日頃の生活や遊びを発表する行事，親子が触れあう行事，地域のお祭りへの参加など，さまざまなものがあります。これらの行事は，子どもの日々の生活に潤いをもたせるためにも必要不可欠なものです。

　伝統的な行事では日本の文化に触れ，先人の知恵などを知ることができます。生活の節目に行う行事では，自分たちの成長を振り返り，喜びを実感することができるでしょう。また，発表会や運動会などの行事は，自分を表現することの喜びを味わうだけでなく，さまざまな表現方法を知ったり，これまでの経験を活かし工夫したり，自分のできることを試したりする機会にもなります。保護者や地域の方々と触れあう行事も，子どもの生活に喜びと潤いを与えるものになります。

　行事には「特別感」があり，だからこそ生活に潤いをもたらすものになるのでしょう。しかし，特別だからといって，子どもの日常を崩

写真4-14 お月見団子づくり

写真4-15 「はぁ～お団子っていい匂い」

写真4-16 散歩（田植えの様子を見学する）

すものであってはなりません。特に発表会などの行事においては，「練習」という名のもとに活動が行われ，食事や睡眠の時間の変更や短縮など，生活リズムに影響をもたらすことがあります。行事は，日々の生活の延長線上にあるものです。生活のなかで無理なく行事を経験できるよう，行事のための保育にならないよう心がけることが大切です。また，行事は園全体で行われることが多いかと思います。誰のための行事なのか，何のための行事なのか，園内で共通理解を図り，計画を立てていくことが価値ある行事につながっていくのです。

4 地域に触れ市民性の芽を育む

「幼児教育部会における審議の取りまとめ」には「教育内容と，教育活動に必要な人的・物的資源等を，家庭や地域の外部資源も含めて活用しながら効果的に組み合わせること」という記載があります。保育実践の場は，地域のなかにあり，その地域と共存していくことが求められます。幼児教育とは幼児が生活するすべての場（幼稚園・保育所，家庭，地域）において行われるものです。それぞれの地域において実情が異なるため，子どもができる経験はさまざまでしょう。保育実践の場が置かれた地域について，まずは保育者が理解，把握することが必要です。その保育実践の場に通ってくる子どもは，園の一員であると同時に，その地域の一員でもあります。地域の大人から大切にされているという感覚は，地域に愛着をもつことにつながるだけではなく，市民性の素地ともなるでしょう。また，子どもは，地域の宝です。そのことを踏まえ，保育者は地域と連携して，ともに子どもを育てていくという意識をもつことが求められるのです。

▶9 中央教育審議会「幼児教育部会における審議の取りまとめ」2016年。

▶10 中央教育審議会「子どもを取り巻く環境の変化を踏まえた今後の幼児教育の在り方について」2005年。

第3節 環境構成の実際
―― 河童の親子をつくろう（年中児11月）

　幼児教育（保育）における「健康」「人間関係」「環境」「言葉」「表現」という5つの領域は，子どもの発達を捉える視点であり，小学校以上の教育の教科とは異なるものです。それぞれの領域は，活動の類型ではなく未分化なもので，日々の保育実践は，情緒的な安心感を基盤としながら，5つの領域が相互に絡みあいながら営まれています。

　実際の保育実践において，どのように5つの領域が絡みあっているのか，ある幼稚園の実践を見てみましょう。

　この幼稚園では，毎年秋にアート展という行事が行われています。テーマを決め，子どもがこれまでの経験を生かし，さまざまな素材を使って創意工夫をしながら造形表現をする行事です。

　この年のテーマは「日本」。子どもが，日本の伝統的な遊びに興味をもって取り組んでいるところから見出されたテーマです。個人の制作と協同制作が行われ，協同制作のテーマも子どもたち自身の話しあいにより，決定されます。話しあいの結果，選ばれたのは「河童」。保育者が図書館から借りてきた日本の妖怪事典の本を見た子どもたちからの提案でした。妖怪のキャラクターが流行っていたこともあり，子どもには親しみのある存在に感じられたのかもしれません。

　子どもたちは，これまで使ったことのある素材や道具を駆使しながら，まずは基礎となる体をつくりました。そして，お皿や甲羅，皮膚の素材はどれにするか，実際には見たことがない河童をどう表現するのか，図鑑を見たり，イメージを話しあったり，ときにはぶつかりあいながらイメージを共有していったのです。爪や甲羅，耳，手に持つキュウリなど，子どもたちは細部にこだわりました。その結果，子どもたち自身が「だんだん怖くなってきたね」と言うほどの河童の親子が完成したのです。

　この遊びが展開されるなかで，子どもたちは何を経験していたのでしょうか。この活動を5領域の視点から見ると，以下のような点があげられます。

〈健康〉
　・作業に応じて体全体や指先を使う。
　・道具を使うときは怪我をしないように，またときには周囲を気に

写真4-17　年中児共同制作の実践：河童の親子をつくろう！

しながら活動を進める。

〈人間関係〉
・自分の意見を伝え，友だちの意見を聞き，協力しあいながら活動を進める。
・友だちと一緒に調べたり試したりしてイメージを共有する。
・友だちの得意なところを見つける。

〈環境〉
・廃材などの素材や道具の性質や特性を知り，適材適所となるようにモノの選択をする。
・これまでの経験を基盤にして創意工夫をしながらモノに関わる。
・図鑑や本などを利用して表現したいものを調べる。
・日本の文化に触れ興味をもつ。

〈言葉〉
・言葉でイメージを伝えあう。
・感想や思いを言葉で伝えあい共有する。
・自分の表現を実現するために必要なものを保育者や友だちに伝える。

〈表現〉
・伝説の生き物をイメージしてそれらを表現できる素材や方法を選択し制作する。

　このように，5領域の視点から子どもの経験を捉えることができます。1つの遊びを通して子どもたちは，実にさまざまなことを経験していますが，これらの経験は環境を通して，という保育実践の特性があるからこそ得られるものなのです。

　では，保育者はどのように子どもたちに関わっていたのでしょうか。保育者はまず，これまでの子どもたちの経験をふまえ，展開されるであろう姿を予測して，さまざまな廃材，道具，そして広いスペースを準備しました。そして活動が展開されるなかで，子どもたちからの「こういうものが欲しい」という要求であったり，子どもたちの姿から読み取ったものであったり，子どもたちの表現したいものを実現するため，必要なものを準備しました。そして子どもが自分たちだけではどうにもならないと感じたときに，直接的な援助を行ったのです。それは言葉をかけることであったり，手助けをすることだったりとさまざまです。倉橋は「子供が自分の力で，充実したくても，自分だけでそれが出来ないでいるところを，助け指導してやる」[11]ことを充実指

[11] 倉橋惣三『幼稚園真諦』フレーベル館，2008年，p. 38。

導と表現しています。それまでは環境に思いを託し「設備と自由との後に隠れたる先生」だった保育者が，子どもが自分の力だけではどうしようもなくなったとき，ここで初めて登場するのです。「子供のしている自己充実を内から指導していくだけですから，その先生の所在は，子供にも見物人にもちっとも目立たないでしょう。それでいいし，それでこそ，ほんとうなのです」[12]という倉橋の言葉は，現代の保育実践において「環境を通して保育すること」の根幹を支えるものです。また，「幼稚園では，与えるよりも触れ合うことが多い。しかも，あの純真善良な幼児と触れるのである。こっちの与えられる方が多いといわなければならぬ」[13]という謙虚さをもちながら，子どもの自ら育とうとする力を信頼したいものです。その意識を常にもちながら子どもに向きあうことが，子どもの生活がより充実したものとなる環境を構成することを可能にしていくのでしょう。

[12] 倉橋惣三『幼稚園真諦』フレーベル館，2008年，p. 41。

[13] 倉橋惣三『育ての心（上）』フレーベル館，2008年，p. 47。

第5章

子どもとともに生活する

第1節 0, 1, 2歳児の生活を知る

1 0, 1, 2歳児の発達

　小さくてぷくぷくとした手, こちらを見つめる瞳, 赤ちゃんを見ると自然と「かわいい」「抱っこしてみたい」など, 誰しもが心を揺さぶられるのではないでしょうか。人間の子どもは生理的早産と言われるように, 未熟な状態でこの世に生を受けます。未熟な状態で生まれるため, 大人の養育が必要不可欠です。特定の大人から養育を受けることで, 乳児はその大人を特別な存在として認識し, そこから愛着が形成されます。その愛着をもとに子どもは生活のなかで人間関係や世界を広げていくため, 養育者には子どもに愛着が形成されるよう関わることが求められます。保育所・認定こども園では, 保育者がその役割を担います。

　また, 一人ひとりの子どもの心身の健やかな成長発達のために, その子どもの育ちの道筋を理解することが大切です。保育所保育指針解説書では「子どもが辿る発達の道筋やその順序性には共通」のものがあると記載されています。しかし,「一人一人の子どもの成長の足取りは様々」であるとも述べられているように, 子どもが辿る大まかな発達の道筋を理解し, 子ども一人ひとりの異なる発達の道筋を受けとめることが必要なのです。

①おおむね0歳児の発達

　生まれたばかりの乳児は, 不随意運動といわれる原始反射が見られます。3か月頃になると徐々に自分の意思で体を動かすことができるようになり（随意運動）, それとともに原始反射は消滅していきます。またこの頃になると, 首がすわり始めるため, 動くものを目で追うことができるようになります。「首のすわり」→「寝返り」→「ひとりすわり」→「はいはい」と身体発達に応じて姿勢の変化がもたらされます。それまでとは違った視界から見える世界に乳児は興味をもち, 自分から周囲の世界に関わろうとする意欲が芽生えるのです。

　また, 乳児は生後間もない頃から人の声や顔に敏感に反応します。一方的にお世話をされる存在のように受けとめられますが, 乳児は生

➡1　生理的早産
ポルトマン（Portmann, A.; 1897-1982）は, 人間が他の哺乳類動物と比べ, 未熟な状態で生まれてくるため,「生理的早産」と述べている。

➡2　愛着
乳児と特定の養育者との間に形成される情緒的な絆のこと。生後3か月頃までは特定の人を区別することができないが, 生後3か月以降, 視覚や聴覚など認知的にも, 主に養育をしてくれる養育者等の特定の人とそうでない人を区別することができるようになる。愛着が形成された人との働きかけによく反応すると同時に, 自分からも積極的に働きかけるようになる。

➡3　厚生労働省（編）『保育所保育指針解説書』2008年。

➡4　原始反射
乳児は大脳皮質が未成熟なため, 自分の意思とは無関係に反射として現れる動きのこと。口唇探索反射, 吸啜反射, 把握反射, モロー反射など。大脳皮質の発達とともに, 自分の意思で身体を動かす随意運動ができるようになると消失していく。

まれながらにして人と関わろうとする能動的な力をもって生まれてくるのです。先に述べたように人間は養育が必要不可欠な未熟な状態で生まれてきます。そのため、周囲の大人が自分に関心をもつように、関わりを引き出すための能力が備わっているのです。まだ言葉で伝えることはできませんが、泣き、笑い、喃語（なんご）、仕草、表情などで自分を表現しようとする乳児からのメッセージを、養育者は見逃すことがないように、常に敏感に向きあうことが求められます。そのような応答的な関わりにより、乳児と身近な大人との間に情緒的な絆が生まれ、愛着関係が形成されるのです。6～8か月頃になると人見知りが見られるようになりますが、この現象も身近な養育者と愛着関係が形成されているということの表れです。子どもは愛着対象との絆を基盤として、周囲の環境と関わろうとします。子どもが周囲のさまざまな環境に自ら関わり、自分の世界を広げていくためにも愛着の形成が必要なのです。

▶5　人見知り
乳児が養育者など愛着関係が形成された人以外の見知らぬ人を見たり話しかけられたりした際、泣いたり不安がったりすること。8か月不安とも言う。人だけではなく、初めての場所に行った際、人見知りと同様の反応を示す場所見知りをする子どももいる。

②おおむね1歳児の発達

1歳を過ぎる頃になると「ハイハイ」→「つかまり立ち」→「つたい歩き」→「ひとり歩き」と発達が進み、自己移動が可能になっていきます。私たち大人も、ハイハイをしてみると全身の筋肉を使って前進するということに気がつくことでしょう。ハイハイは、不安定な姿勢から四肢や全身の筋肉を使ってバランスを取りながら進む必要があります。この動きは直立で立つためにも必要な平衡感覚を育みます。このような子どもの移動の支えとなるものは、「あれはなんだろう」「触ってみたい」という周囲の人や物に対する興味や関心です。自分の行きたいところに自分で行くことができる、という満足感は、周囲の環境に関わろうとする意欲の原動力になり、それが子どもをさらなる発達へと導いていくのです。愛着関係が形成された保育者（養育者）に見守られているという安心感と、安全な環境のもとで、子どもたちが探求心をもって周囲の世界に関わることができるような環境の構成が求められます。

また、この頃は盛んに指さしや身振りで、周囲の大人に自分の思いを表現しようとします。これらは、それまでの「自分と人」、あるいは「自分と物」という二項関係から、「自分」と「人」と「物（人）」という三項関係へと発達してきたことの現れです。子どもが発した表現を受けとめ、その思いを言葉で返す応答的な関わりが、子どものさらなる表現意欲を高め、言語の獲得にもつながっていくのです。

さらに２歳近くになると，具体物がなくても代用品でイメージして見立てる象徴機能が発達してきます。自分で移動が可能となり，またイメージして遊ぶことができるようになると，友だちとの関わりも徐々に見られるようになってきます。他者と同じことをして楽しさを共有することは，他者との関係性を深めることにつながります。しかし，場や遊びを共有することで，物や場所の取りあいも頻繁に見られるようになります。保育者は行為の善悪を判断するのではなく，まずは子どもの思いを受けとめ，思いを言葉にしていくことが必要です。そのような関わりの積み重ねが，他者の存在や思いに気がつくきっかけになっていくのです。

③おおむね２歳児の発達

　この時期は，歩く・走る・跳ぶなどの基本的な運動機能や指先の器用さが高まります。歩きながら物を運ぶなど２つのことを同時に行ったり，親指と人差し指で物をつまんだり，積み木を積むなど，できることが増える時期です。語彙も急激に増えます。また，生活面においても自分の身の回りのことを自分でしようとする意欲も芽生える頃です。その意欲がゆえに，「自分で」と自己主張が目立ち始める時期でもあります。自分の意にそぐわないときや，思うようにできないときなど，癇癪（かんしゃく）を起こすこともありますが，まずは子どもの自分でやりたいという意欲を受けとめることが求められます。子どもの思いを受けとめ，「あなたを信じて見守っている」というメッセージを，見守りや励ましなどの関わりによって伝えることで，子どもは徐々に自分の感情を鎮めることができるようになるのです。子どもの思いに丁寧に関わりながらも，守るべきことがあるということを伝えていくことも必要です。そのような関わりが自尊心や規範意識の芽生えとなるのでしょう。

2　保育所・認定こども園における乳児の生活

①デイリープログラムとは

　表５－１は，ある保育所の０歳児のデイリープログラムです。デイリープログラムとは，乳幼児期にふさわしい園生活の流れを示したものです。デイリープログラムは，乳幼児が健康で安定した園生活を送るために重要なものです。保育所・認定こども園に通う子どもは，主に家庭と園で生活していますので，子どもの生活は家庭と保育所等と

➡6　自尊心
他者から大切にされる，頑張ってできたという成功体験を通して自分に自信をもち，その体験を積み重ねることで「自分はかけがえのない大切な存在である」という気持ちをもつこと。大人が子どもを受けとめ認める関わりが重要となる。

➡7　規範意識
社会生活を営むうえで必要なルールや配慮のこと。乳幼児期は規範意識の芽生えを育む時期。友だちと関わるなかで，互いに思いを主張しぶつかりあい，葛藤を経験することで「みんなが楽しく生活するためにはルールが必要」と自ら気がついていくことが大切。その経験が自己抑制の芽生えにもつながる。

表5-1 0歳児デイリープログラム

時間	0歳児の生活の流れ	備考
7:00	朝の受け入れ 視診・触診 室内遊び	※8:15までは0～2歳児と合同
9:00	戸外・室内遊び	
10:00	おやつ	※中月齢児・低月齢児は個人に応じて午前寝・授乳・離乳食を行う
10:30	戸外・室内遊び，散歩，わらべうた，リズムあそび	
11:30	給食	
12:30	睡眠	
14:30	目覚め	※個人に応じておむつ交換・排泄，水分補給を行う
15:00	おやつ	
16:00	戸外・室内遊び 着替え・降園準備	
18:00	延長保育	※延長保育は歩行が完成してから

別々に切り離すことはできません。そのため保育者は，子どもの24時間の生活の連続性を捉え，デイリープログラムは園生活のためだけにあるのではなく，家庭での生活にも影響を与えるものであることを認識し，日々の保育にあたる必要があります。

保育所・認定こども園は，集団での生活です。しかし，0～2歳児，特に乳児においては，一人ひとりの個人差が大きく個別な援助が異なるため，デイリープログラムに示された生活の流れを基本としながらも，個別な発達段階に応じて関わることが求められます。

②養護と教育

「保育所保育指針」の第1章総則の「2 保育所の役割」の(2)には「保育所は，その目的を達成するために，保育に関する専門性を有する職員が，家庭との緊密な連携の下に，子どもの状況や発達過程を踏まえ，保育所における環境を通して，養護及び教育を一体的に行うこと」と示されています。「養護と教育を一体的に行うこと」とは，子どもの命を守り，情緒の安定を図りながら（養護），子どもが乳幼児期にふさわしい生活を積み重ねていけるよう環境を整え援助していくこと（教育）です。

乳幼児は大人の養育が必要不可欠で，特に乳児においては食事・睡眠・清潔など，生活のすべてにおいて養育を必要とします。しかし，先にも述べたように，乳児は「お世話をされるだけの存在」ではありません。確かに生活面で援助される部分が多いこと，生活時間が長いことから，養護的な部分が大きいでしょう。しかし，0歳児の保育においても，教育は存在します。

たとえば食事の場面，保育者が「ほら今日はかぼちゃだよ，きれいなオレンジ色だね」と言葉をかけながらスプーンを子どもの口元につけることは，食事に対する興味や意欲を育むための教育的な関わりです。また食後に「おいしかったね。お口と手をきれいにしてから遊ぼうね」という言葉かけには，食事に対する満足感や清潔にすることの心地よさを伝えるための教育的な意図があります。食事場面だけでなく，睡眠や衣服の着脱など，日常の生活場面においても，このような教育的な関わりの積み重ねが，生活面での自立につながっていくのです。

　また，0歳児は言葉で自分の思いを伝えることはできませんが，表情や仕草，指さしなどで自分の思いを伝えています。それらは耳には聞こえませんが，子どもの聞こえない「言葉」であり，保育者は子どもからの言葉を敏感に受けとめることが大切です。

　以上のように，保育者は養護的な要素が強い場面においても，教育が存在していること，すなわち，養護と教育を一体的に行うことを常に意識して日々の保育にあたっているのです。

③家庭との連携

　子どもの生活は24時間365日，日々の積み重ねにより成り立っています。家庭だけ，あるいは保育施設どちらか一方だけで完結するものではありません。特に0〜2歳の乳幼児は発達の個人差が顕著に見られることもあり，家庭との連携が必要不可欠です。実際，保育施設では保護者との連携のため，日々の連絡帳や登降園時の際に子どもの健康や発達，生活面について相互にやり取りをしながら，共通理解，意思の疎通を図る取り組みがなされています。

　しかし，それぞれの家庭にはさまざま事情があり，抱えている背景もさまざまです。「保育所保育指針解説書」の「第6章　保護者に対する支援」において，「保育士の重要な専門性の1つは保育であり，2つは児童の保護者に対する保育に関する指導（以下「保育指導」という。）」と述べられています。保育者は日々の保育のなかで，目の前の子どもを理解し援助していますが，保護者にも同様にその背景を理解し関わることが求められるのです。

　ときには不適切な養育が見られる場合もあります。「保育所保育指針解説書」の「コラム　『保育指導』の意味」において，保育指導とは「子どもの保育の専門性を有する保育士が，保育に関する専門的知識・技術を背景としながら，保護者が支援を求めている子育ての問題

や課題に対して，保護者の気持ちを受け止めつつ，安定した親子関係や養育力の向上をめざして行う子どもの養育（保育）に関する相談，助言，行動見本の提示その他の援助業務の総体」と記載されています。保育者には，保育の専門家として助言することが求められますが，そこで重要なことは，保護者を受容する姿勢です。その助言が子どもの育ちを保障するために必要なものであっても，一方的な「指導」では，保護者の自尊心を侵害し，良好な関係性を築けない場合もあります。まずはその保護者の抱えている背景を理解し受容すること，次に保護者と保育者は，ともに子どもを育てるというパートナーシップの関係性であるという姿勢を示すことが重要です。そのことが，よりよい関係性を構築し，子どもの豊かな育ちを保障することへのステップとなるのです。

第2節　保育実践の場における0〜2歳児への関わり方と環境構成

1　生活・遊び場面における子ども理解と保育者の関わり

　第1節では，0〜2歳児の発達と生活について解説をしてきました。それらを踏まえ，子どもの生活や遊び場面で，保育者は子どもたちにどのように関わっているのか，その関わりが意味するものを，保育のエピソードをもとに見ていきましょう。

①愛着を基盤に自分の世界を広げる

〈エピソード1〉　抱っこして，おんぶして

　4月に入園したばかりで泣いて保育者から離れることができないHちゃん（11か月）。

　母親からは，午前寝をすると機嫌がよいことや戸外が好きなことなどを聞き，家庭とこまめに連携をとりながら，保育園に少しずつ慣れるように関わってきました。特に0歳児の子どもたちは，前日の睡眠状況，当日の目覚めや食事の食べ具合により，機嫌や体調が変わることもあるため，手探りの日々でした。また，抱っこやおんぶをしていないと安心できないようで，床に下ろそうとすると泣き出すため，ほとんど1日抱っこされていました。

　その日は，登園後にウトウトし始め，タイミングよく眠ることができましたが，自ら目を覚まし周りを見回すと泣き始めました。お天気もよく，すでに保育者と他の子どもたちはベランダでシャボン玉遊びを楽しんでいました。そこで，泣いているHちゃんを抱っこして，ベランダに出てゆっくり話しかけたり，「シャボ

ン玉」の歌を歌っていました。するとHちゃんは泣きやみ，空を見上げ，シャボン玉を目で追い始めました。動きを止めたり，座ったりすると泣き始めるので，抱っこしたままシャボン玉を追いかけたり，割れるとしゃがんだり，止まったりしてたくさん触れあい，言葉をかけていました。そのうち，シャボン玉が動く様子や，他の子の様子も気になったようで，のぞきこんでは「マーマ」「アーア」と喃語を発するようになりました。いつもより機嫌がよさそうだったので「Hちゃん，シャボン玉きれいだね。シャボン玉みたいな丸いピンポン玉で遊んでみようか」と誘いかけ，抱っこしたまま室内に戻り，ピンポン玉落としをしてみました (p. 87の写真5-5参照)。

「見て，穴に入れるとコロンって音がするよ」と言葉をかけるとピンポン玉が落ちてはねる音に興味を示し，保育者が「やってみる？」というと手を伸ばしてきました。いままでずっと抱っこで過ごしていましたが，保育園で初めて遊び始めた瞬間でした。

入園当初，どの年齢の子どもたちも少なからず戸惑いや不安を経験します。0歳児であれば，なおさらその戸惑いは大きなものとなります。入園当初にまず必要なことは，保育者と子どもの間に愛着を形成するということです。この保育者はHちゃんと愛着を形成するため，家庭でのHちゃんの様子を聞き，連携を取りながら関わってきました。まだ園生活には慣れていないHちゃんですが，保育者に抱っこされていると安心する様子から，保育者との間に徐々に信頼関係が形成されていることが読み取れます。

また，保育者はHちゃんの様子をよく観察しており，落ち着いたところで新たな遊びに誘っています。ピンポン玉の様子を言葉で伝えながら「おもしろそう」という興味を刺激し，「自分でやってみよう」という意欲を引き出しているのです。まずは子どもの情緒の安定を図り（養護），新たな遊びに誘う（教育）という保育の営みが読み取れるエピソードです。子どもたちは信頼できる特定の大人との愛着を基盤として，世界を少しずつ広げていきます。そして，楽しさを保育者と共有することで，さらに愛着が強いものとなっていくのです。このような保育の営みを可能にするためには，日々子どもの様子をよく観察し，記録に書きとめ，考察することが大切です。

②耳には聞こえない子どもの言葉を読み取る

〈エピソード2〉 ぼくの気持ち，友だちの気持ち

Aくん（1歳5か月）は友だちに関心が出てきて関わろうとする反面，言葉では気持ちが上手く伝えられず，とっさに手や口が出てしまうのです。これまで何度か友だちに対して「かみつこう」とする姿が見られました。かみつきの原因を

考え，気持ちを受けとめるようにして，たくさん触れあい関わる時間を多くもって，Ａくんに寄り添うことを心がけていました。

　ある日のお集まりで，保育者が椅子を並べながら，「お座りしましょう」と言葉をかけました。真っ先に座っていたＳちゃん（１歳７か月）が，隣に座ろうとするＡくんの腕をトントンと触ってきました。「ここよ」と教えてあげたかったようです。すると，ＡくんはＳちゃんの手をつかみ，口を開けてかみつこうとしたのです。Ａくんの様子に気づいた保育者は寸前のところで止めることができました。ＡくんはＳちゃんに"何でぼくに触るんだ。じゃましないでよ"と言いたそうです。「Ａくんは座るところがわかって自分で座りたかったのね。Ｓちゃんが触ってきたからそれが嫌だったの？　でもかんだら痛いからやめようね」とＡくんの気持ちを汲み取るように話しました。Ｓちゃんにも「Ａくんが大好きだから教えてあげたかったのね」と言葉で伝え，気持ちを共感するようにしました。

　２人は，じっと見つめあって何か伝えたいようなそんな表情でした。その後，ＡくんはＳちゃんの頭をよしよしとなでてくれたのです。言葉は出ないけれど，自ら「ごめんね」と謝っているかのようでした。保育者はＡくんの気持ちがわかり，「Ａくん，かもうとしてごめんねってしてるのね」と，ぎゅっと抱きしめました。

　先にも述べたように，言語を獲得する前の子どもたちはさまざまな方法で自分の思いを表現しています。その表現方法は指さしや喃語，表情だけではなく，かみつきやひっかきという行為にも見られます。かみつきやひっかきなど，他者を傷つける行為そのものは良いものではありません。しかし，この頃の子どものかみつきやひっかきは，ただ「自分の意にそぐわない」という思いの表れであり，相手を傷つけようという思いはないのです。自分の思いを表現するための言語をまだ獲得していないからこその表現方法なのです。

　この保育者は日頃のＡくんの様子を把握しており，心の片隅で起こるかもしれない出来事に備えているからこそ，Ａくんのかみつきを未然に防ぐことができたのでしょう。これは養護的な関わりです。そして，ＡくんとＳちゃんの気持ちをそれぞれ代弁し，双方に伝えています。これは教育的な関わりです。これから社会の一員として生きていく子どもたちは，人と関わるうえで必要なスキルの土台を形成していかなければなりません。しかし，その土台を形成していくためには保育者からの一方的な指導ではなく，まずは子どもを理解し受容することが必要です。

　Ａくんもこれまでの経験から「かみつくのは良くない」ということを"感じて"いたのでしょう。だからこそ，自分の思いが受けとめ

られ，保育者の言葉により友だちの存在や思いを感じ取ったことで，Sちゃんの頭をなでる，という行為が表出したのでしょう。Aくんのかみつきを止める（生命の保持），Aくんの思いを受けとめる（情緒の安定）という養護的な関わりを基盤としながら，Sちゃんの思いや，かみつきは友だちが痛い思いをすることを伝える教育的な関わりがなされている，保育の専門性が読み取れるエピソードです。

　保育は子どもを理解することから始まります。目に見える子どもの姿から，見えない子どもの思いを見て，耳には聞こえない子どもの声に耳を傾けることが，子ども理解を可能にするのです。この関わりは，言葉で意思を伝えることができるようになった子どもたちに対しても心がけておく必要があります。

③自立と依存の往還

〈エピソード3〉「できん，して」

　普段から「自分でやりたい」という思いが強い2歳2か月のSちゃん。嫌なことには「イヤ」とはっきり言うことができ，その反面こだわりが強い一面もありました。

　ある日の給食後のことです。2歳児の子どもたちは給食を食べ終わると，歯磨きを済ませ，パジャマに着替えます。その日もSちゃんは，自分のパジャマを選び，着替えを始めました。しかし，ボタンがうまく留まらず，なかなか着替えが終わりません。ついに，着替えが最後の一人になってしまったSちゃんに対して，ひとりの保育者が「ボタンしてあげようか？」と優しく言葉をかけました。しかしSちゃんは「イヤッ」と手を振り払い，また自分でボタンを留めようとしています。そのときにSちゃんの「イヤッ」には「自分でしたい」という思いがこもっているように感じました。

　そこで，「Sちゃん，ボタン頑張っているね。できなかったら言ってね」とさりげなく言葉をかけ見守ることにしました。その後，20分ほどボタンと格闘したSちゃん。ついにあとボタン一つというところまできました。しかし，どうしても1番上のボタンが留まりません。「どう？　ボタンできそう？」と少し離れたところから言葉をかけました。その声を聞くと，Sちゃんは保育者の近くまで自分で歩いてきて，こう言いました。「できん，して」。どんなに時間がかかっても，自分でやろうとしたSちゃんの頑張りに感心しました。「一番上のボタン難しかったけど，他は留められたね」とできなかったことではなく，できたところを誉めました。そして，一番上のボタンは一緒に手を添えて留め，「ほら，ぜんぶできた。できないときはまた教えてね」と言葉をかけると，「うん」と安心したようにうなずきながら自分の布団に行き眠りにつきました。

　2歳児頃の自我が芽生え始めたがゆえの，自己主張の激しさを物語るエピソードです。指先の微細運動が発達してくるこの時期は，ボタ

ンはめなどの細かい作業にも興味をもって取り組む様子が見られます。このエピソードは，なんとか自分でやり遂げたい，というSちゃんの思いに向き合う保育者の関わりが記されています。Sちゃんは，保育者に思いを受けとめられ，見守られているという安心感のもと，ボタンはめと格闘します。そして，20分も頑張ったのでそろそろ疲れてきた，というところに，絶妙なタイミングで大好きな保育者が言葉をかけて，素直に甘えられる状況をつくり出してくれたのです。そして「本当は全部自分でしたかった」という思いを読み取って，「できなかったこと」，ではなく，「できたところ」を認められたことで，満足感や達成感を感じることができたのでしょう。満足感や達成感は自尊心の芽生えに必要不可欠な要素となります。

　このように2歳児は，自立と依存を行ったり来たりすることを繰り返しながら，基本的生活習慣の確立などの自立へと向かっていきます。頑張る自分を見守ってくれ，そして甘えてもいい保育者の存在が子どもたちを自立へと導いていくことを認識し，子どもにとって絶妙なタイミングで関わることができるよう，構えておくことが求められるのでしょう。

④一人ひとりの育ちに寄り添う柔軟な対応

〈エピソード4〉　ぼくのケーキ

　2歳6か月も過ぎると言葉でのやりとりがずいぶんできるようになり，自分の意思も伝えてくるようになります。友だちのまねをして一緒に遊ぼうとしたり，遊びや生活のなかでの約束事がわかるようにもなってきました。Tくん（2歳11か月）は集団のなかで一緒に何かするよりも，自分の思いのままに行動することが好きなようです。日々の関わりのなかで，Tくんの気持ちに寄り添い，思いを汲み取り，常に向き合うようにしたことで，保育者との信頼関係も深まっていきました。少しずつ，集団での生活にも慣れ，お話も最後まで聞けるようになってきたので，「待つこと」や「我慢すること」「約束があること」なども徐々に知らせていきました。またTくん自身が「自分で考えて決めること」が経験できるように配慮していきました。

　ある日の午後，戸外遊びをするとき，クラスの子どもたちに「制服のお着替えがあるから先生が『お片づけしましょう』と声をかけたらみんなで片づけをして部屋に戻ろうね」と事前に話をして，遊び始めました。それぞれが追いかけっこや運動遊び，見立て遊び等をして遊んでいました。Tくんも大好きな砂遊びを楽しんでいました。

　時間が過ぎ，「そろそろお部屋に戻る時間だから，お片づけしよう」と声をかけると，「はーい！」と，何人かの子どもたちは使っていた玩具を片づけ始めました。まだ遊んでいる子もいたので，個別に声をかけ，Tくんにも「そろそろ片づけようか」と言うと，「見て！　ケーキ！」と砂でつくったケーキを見せてくれ

ました。「うわあ，上手にできたね」「うん。はい，どうぞ」と，まだ遊びたそうな表情をしていたので，少しの間一緒にやりとりをして遊びました。しかし，いつまでも遊んでいたら他の子はどう思うだろう……と私は考えました。でも，強制的に「帰るよ」と言っても帰らないだろう。そこで私は，「Tくんのケーキ，とってもおいしかったよ。ありがとう。まだいっぱい食べたいけど，もうお部屋に帰ってお着替えしないといけないね。どうする？」と，自分で判断できるように話しかけました。しばらく考えるTくん。すると「また，次つくる」と言い，自ら片づけを始めたのです。「すごいね。じゃあ，つくったケーキはここに置いてお母さんに見せよう」と言うと，うれしそうにケーキを置き，保育者と手をつないで部屋まで戻っていきました。

　このエピソードは，保育者の素直な気持ちが表れています。集団のなかで保育をする保育者は，生活の流れとは違うことをしている子どものことを，他の子どもたちがどう思うのか，という心の揺れを，誰しも感じたことがあるのではないかと思います。

　保育所にはデイリープログラムがあり，そして園や家庭での生活を通して，乳幼児期にふさわしい生活リズムを形成していくことが必要です。しかし，先の記載の通り（「保育所保育指針解説書」），「子どもが辿る発達の道筋やその順序性には共通」のものがあるのですが，「一人一人の子どもの成長の足取りは様々」なのです。すべての子どもに同じ場面で，同じ関わりをすること（させること）は公平ではないのです。目の前の子どもにいま何が育とうとしているのか，何を育てなければならないのか，ということを読み取り，適切な関わりをしていくことが求められるのです。そのことを踏まえ，この保育者は，Tくんを受容しながら，Tくんが自分で考えられる時間をつくっています。言葉でのやり取りが可能となったTくんの発達を踏まえ，「言葉で思考する」という時間を保障して，Tくんに自ら「次にすべきこと」を判断することができるよう導いているのです。このように保育所での日々の生活のなかで，子どもたちは自分で考え判断し行動するという，生きる力の基盤を形成しているのです。このような経験の積み重ねが，その後「生活に見通しをもつ」ということを可能にしていくのでしょう。

　先に述べた通り，保育所にはデイリープログラムがあります。しかしそれは，おおよその生活の区切りであり，小学校以上の生活のように明確ではない柔軟なものです。まずは，子どもが自分の興味関心に基づき，納得するまで試すことができる時間の保障がどれだけできる

写真5-1　0歳児クラスの室内環境　　写真5-2　授乳椅子に座っての授乳時間

写真5-3　広い場所でのハイハイ　　写真5-4　布をひっぱる　　写真5-5　ピンポン玉落とし

のか，という柔軟な構えが求められます。しかし，乳幼児期にふさわしい生活を送るために，どこまでつきあえるのかを見極める視点をもっておくことも必要だといえるでしょう。

2　0，1，2歳児の発達に応じた生活と遊び環境の工夫

　子どもたちが保育所で過ごす時間は8時間以上です。保育所で過ごす間，安全で安心して快適に過ごすためには，十分な環境構成が必要となります。また，子どもたちが興味，関心を示し主体的に活動ができるように，発達段階に合わせた魅力的な環境をつくりだすことが大切です。そのため，保育所では子どもが生活しやすいようにできるだけ子どもサイズで，また自分でやりたいという思いが十分に満たされるような環境構成の創意工夫がなされています。実際にどのような工夫がなされているのか，ある保育所の環境を見てみましょう。

①0歳児（写真5-1～写真5-5）

　0歳児クラスでは，家庭的な雰囲気を大事にして少人数での関わりを大切にしています。授乳では，保育者と乳児の1対1の関わりが大切です。授乳椅子に座り，落ち着いた雰囲気のなかで保育者は子ども

写真5-6 自分のタオルを見つけて手をふく

写真5-7 靴箱に靴を入れる

写真5-8 段ボールのトンネルくぐり

写真5-9 目と手の協応動作（ペグさし）

写真5-10 外遊び（1, 2歳児で一緒にフープで遊ぶ）

と目を合わせながら授乳を行っています。また、この時期は、うつ伏せ、ハイハイ、つかまり立ち、伝い歩きなどの動きを獲得する時期です。部屋には自由に動くことができる空間や巧技台があります。巧技台は、ハイハイで階段のぼりをしたり、伝い歩きをしたりして、「歩きたい」という気持ちを満たすことができます。子どもの自由に動きたいという思いを尊重するため、広いスペースを確保できるようにベッドは置かず、奥の畳の部屋で午前睡などの場を確保しています。また、「何かな？」「触ってみたい」と自分から手を伸ばしたくなるような魅力的な手づくり教材を準備しています。

② 1歳児（写真5-6～写真5-10）

この保育所では、4月から8月まで1, 2歳の異年齢で生活しています。2歳児のお兄ちゃん、お姉ちゃんのそばでいろいろなことを学び、「自分で」とやりたがる時期でもあるので、そのような意欲を支えるために環境を整えています。子どもの自分でやりたいという気持ちを満たすため、保育者が生活の一つひとつのやり方を見せて、繰り返し丁寧に伝えていくこと、子どもがやりやすいように物の置き場など動線を考慮することも重要です。

室内には発達に合わせた教材が用意され、やりたいときに手指を使ってじっくり取り組むことができます。段ボールのような素材も、子

写真5-11 パジャマのボタンはめ

写真5-12 友だちの手伝い

写真5-13 衣服をたたむ

写真5-14 園内菜園できゅうりの収穫

写真5-15 洗濯ばさみ留め

写真5-16 わらべうたあそび

どもたちにとっては魅力的な遊びの素材となります。そして毎日，戸外遊びやリズム遊びなどを行い，身体を動かすようにしています。

③2歳児（写真5-11～写真5-16）

2歳児のクラスの子どもたちは，自分でできることが増えてきます。生活面でも遊びの面でも，子どもの「やってみよう」「やってみたい」という意欲が刺激される環境を用意することが大切です。子どもたちは，主体的に環境に関わり，保育者や友だちの模倣をし，試行錯誤しつつ体験を積み重ねていきます。「できた」という喜びは自信になり，次への意欲につながっていきます。保育者が人的環境となり，手本を示すことで，一生懸命にまねをして，困っている友だちがいると手伝いをしてくれます。

指先の器用さがさらに発達し，ハサミなどの道具を使う遊びにも興味をもって取り組む時期です。また，植物の成長など周囲の環境の変化に気づき，興味をもって関わろうとします。友だちと一緒に行動したり，遊んだりすることも好むような時期を生かして，一緒に遊ぶことができるわらべうたや集団遊びを取り入れています。

以上，保育所における0〜2歳児の保育環境を見てきましたが，このような子どもの発達や興味・関心に応じた環境を構成するためには，まずは目の前にいる子どもの育ちを理解することが求められます。日々の保育実践を書きとめ，子ども理解をすることが，豊かな経験を保障する環境構成へとつながっていくのです。

第3節　幼児の生活を知る

　幼児の生活を覗いてみると，生活は食事，排泄，衣服の着脱，清潔，片づけなどの生活習慣に関わる部分と，遊びに関わる部分に分けられます。そのような生活は，自然の流れのなかで，その幼児の必要性に応じて展開されていきます。その展開においては，発達過程とも関連しています。

　そこで，この節においては，おおむね3歳から5歳までの生活や遊びと発達について紹介していきます。発達の捉えにおいては，同年齢の均一的な発達基準として捉えるのではなく，子ども一人ひとりのそれぞれの発達過程があることを意識して捉えてほしいと願っています。

1　幼児期の発達

①おおむね3歳児の発達

　3歳児になると歩く，走る，跳ぶなどの運動能力に加え押す，引っ張る，投げる，蹴る等の基本的な動作が一通りできるようになります。

　また，そのような基本的な動作を楽しむかのように，1人でボールを投げたり蹴ったりと他児と同じ空間にはいるものの，関わることなく平行して遊ぶこともあります。そうかと思えば，他児を意識しながら，保育者以外の幼児の遊びを真似したり，気の合う友だちと一緒に遊んだりと，遊びに広がりが見られてきます。

　しかし，この時期は，自我がよりはっきりとしてきて自己主張も見られてきます。また，自分の思い込みで行動することもあります。

　たとえば，他の幼児が使っているボールを自分が使いたいために，勝手に使ってもいいものだと解釈し使ってしまって，けんかになることもあります。そのような状況において，うまく言葉を交わすことができずに泣いたり，叩いたり，言葉をあらわにしながら感情を体中で

表出する姿も見られてきます。そのようなとき，保育者が仲立ちをすることによって，相手の立場になって考えることができるようになります。そして，やっていいことと，いけないことを理解していきます。

生活面においても，これまで，信頼できる大人を頼りに依存しながら送っていた生活から，自分のことは自分でやりたいという意識が強くなってきます。食事や排泄，着替えなどを自分から進んで行い，自分のことは自分でするという自立へ向かう意思表示が強くなります。

②おおむね4歳児の発達

全身でバランスをとる力が発達し，体の動きが巧みになります。ボール遊びにおいても投げたり，蹴ったりしながら相手を意識して投げ返したり，蹴り返したりと，その活動における遊び方が身についてきます。また，次第に集団で活動することができるようになります。

その集団活動において，周囲から自分の存在を認められているという安心感があると，自己の思いや考えを主張しながらも，相手の思いや考えも受け入れ，自己抑制し，折りあいをつけて，生活や遊びを進めていくことが身についていきます。さらに，自己の行動や結果から予測できる不安や葛藤を受け入れながら，生活や遊びを進めていく術を身につけていきます。

そして，自分たちの生活や遊びを進めていくには，決まりが必要であることに気づき，決まりを守ることの大切さを知り，守ろうとすることができるようになります。

③おおむね5歳児の発達

運動能力が高まり基本的生活習慣が確立し，仲間の一員として自覚し行動することができるようになります。また，思考力も芽生え，目的をもった集団行動への参加が見られてきます。

特に，運動機能の高まりは，運動遊びを楽しみ，サッカーごっこやリレー競争，鬼ごっこなど，共通の目的をもった仲間と集団で活発に遊ぶ姿が見られるようになります。

また，遊びを楽しいものとするために，自分たちで必要な決まりをつくり遊びを展開していきます。その決まりについては，自分たちなりに遊びに必要な決まりを考えて決めたりします。また，決まりの可否について判断したり，批判したりもします。トラブル等においても，自分の思いや考えを伝え，状況に応じて説明し，話しあいなどを通して自分たちで解決していこうとする姿が見られてきます。

そのような姿には，お互いの異なる思いや考えを受け入れ，認めあ

えるようになり仲間との関係においても、社会生活における望ましい習慣や態度も身についてきます。

2 幼児の生活や遊びと保育者の関わり

3歳にもなると、これまで、周囲の大人の力を借りて依存していた生活から「自分のことは自分でする」などと、自分でできることは、自分でやろうとする意識が高まってきます。ここでは、3歳児、4歳児、5歳児について、エピソードを通して考えていきます。

①自立への一歩を育む保育

〈エピソード5〉 ぼく幼稚園生だから自分でする

　梅雨の時期に入り、雨の日が多くなりました。今日は大雨のため、カッパを着けてお迎えを待つことになりました。
　どの子どもも鞄のなかからカッパを取り出し、着けるのに懸命です。家では、家族のかたに着けてもらえるのでしょうが、幼稚園ではそうはいきません。そのようななか、Aくん（3歳2か月）は、カッパのボタンをかけるのに四苦八苦しています。
保育者：「Aくん、自分でボタンかけれる～？　先生、手伝ってあげようか？」
Aくん：「いいもん。ぼく幼稚園生だから自分でする」
　そう言葉を返しながら、懸命に頑張るのですが、なかなかうまくボタンをかけることはできないでいます。
保育者：「Aくん、このボタンをこのトンネルからくぐらせてみて～。先生、そのトンネルから出たボタンをキャッチしていい？」
Aくん：「うん！　いいよ」

　自分のことは自分でやろうとする姿勢は、素晴らしいことです。しかし、「自分のことは自分でする」ことにおいて、個々の発達の状況と自分でできることの技術と技能を把握しておかなければなりません。
　保育者は、幼児の意欲や主体性を大切にしながら、自分のことを自分でやろうとする気持ちを育んでいくことが大切です。そうしながら必要に応じて、そっと手をさしのべ、自分でやれたという自信や達成感を育み関わっていくことが大切です。そうすることによって、自分でできた満足感が自信となり、何事にも意欲的に取り組めるようになるのです。
　次は、自分たちで生活をつくるということに関する4歳児のエピソードを紹介します。

②一人ひとりに応じた保育

〈エピソード6〉「だって,わたしがあそんだもん」

保育者:「Bさん,人形片づけてくれる〜?」
　と,声をかけると
Bさん:「つかってない!」「あそんでないから〜。」
　と,言って傍観的に見ているBさん(4歳5か月)です。Cさんは,先生の手伝いが大好きでBさんが遊んでいた人形やままごとも片づけます。
保育者:「Cさん,いつもお片づけのお手伝いありがとう……。」
　と声をかけると,うれし顔のCさんです。
　次の日の片づけの時間です。
保育者:「Bさん,一緒に片づけしようよ。」
　と言うと,まごまごしているBさんです。
保育者:「Bさん,この人形さん,ここでいいの〜?」
　と声をかけるとBさんは,さっと人形を抱きしめ片づけをします。
　その姿に,
Cさん:「Bさん,一緒に片づけてくれてありがとう。」
Bさん:「だって,わたしがあそんだもん。」
　そう話しながら,人形の置き場所やままごと道具の置き方をBさんの使い勝手の良いように,片づけをしています。

　保育者は,Bさんが「つかってない」「あそんでない」から片づけないことについて,叱責することなく無理強いをしていません。また,Bさんが,使っていないので片づけないという,その思いを肯定的に受け入れています。

　そうしながら,翌日,「Bさん,この人形さん,ここでいいの〜?」と声をかけ,片づけ出すきっかけを与えています。その保育者の声かけに,昨日まで片づけを渋っていたBさんは,自分から進んで片づけに参加します。そして,人形やままごと道具をどこに,どのように片づけることが,次の遊びに都合がいいのかを考えて,片づけ始めています。

　そこには,自分で使った物は自分で片づけ,自分たちの生活や遊びは,自分たちでつくるという意識が芽生えています。

　保育者の一人ひとりに応じた安心で安全な関わり方が,幼児の生活や遊びを豊かに支えています。そのような,ゆったりとした保育者の関わり方が,幼児の主体性を育み,自ら生活や遊びに参加し自分たちで生活や遊びをつくりだしていくことにつながるのです。

　最後に,仲間の一員として自覚し,目的をもった集団活動に関する

エピソードを紹介します。

③幼児たちがつくりだしていく保育

〈エピソード7〉　追いかけ鬼ごっこ

　鬼（Cくん：5歳7か月）を決め合図で全員が逃げます。Cくん（鬼）は，逃げた仲間を追いかけて捕まえようとしますが捕まえられずに，鬼の交代ができません。Cくん（鬼）は，園庭にしゃがみ込み「タイム」をかけました。すると，一緒に遊んでいた幼児たちから，

幼児たち：「鬼（Cくん）が追いかけてこないからおもしろくない」

　などのクレームが飛び交い，Cくん（鬼）が困っています。

保育者：「どうしたら，おもしろく遊べると思う？」

　と，声をかけると，

Cくん：「追いかけても，みんなが捕まらないのでおもしろくない」

幼児たち：「幼稚園の庭は広いから，逃げるところが広いもん……」

　と，話がでると，追いかけ鬼ごっこについての話しあいのなかで，鬼が交代できるにはどうしたら良いのかが話しあわれました。そして，逃げる空間や鬼に見つかりやすいようにするために，木や遊具にかくれないなどの制限が設けられました。追いかけ鬼ごっこは，自分たちでルールをつくり，それを守り，遊びが再開されました。

　幼児が主体的に遊びに参加し，遊びをつくりだすことにおいて，保育者は，「幼児の発達に必要な豊かな体験が得られるよう，活動の場面に応じて，適切な指導を行うようにすること」に留意することが求められています。

→8　文部科学省「幼稚園教育要領」第3章第1の「一般的な留意事項」の(7)，2008年。

　このエピソードでは，幼児たちが主体的に始めた「追いかけ鬼ごっこ」が進展しない状況に，保育者は，「どうしたら，おもしろく遊べると思う？」と声をかけ，どう関わることで進展していけるか，話しあうきっかけをつくっています。その話しあいは，鬼と逃げる側のそれぞれの立場で思いが伝えられ，遊びを進展させるための制限やルールがつくられています。

　そこには，幼児たちの主体的な活動を揺さぶるような保育者の関わり方が遊びをつくりだしていく糸口を見出しています。

　保育者は，幼児と生活や遊びをともにしながら，一人ひとりの発達を理解し，幼児たちの良き理解者として必要に応じた関わり方を模索していくことが必要です。そうすることで，幼児たちと心を通わせ，幼児たちのより良い育ちを育める保育者としての役割を，見出していけるのです。

第4節 子どもとともに生活するために

1 子どもを「まなざし」をもって観察する

　保育は、はじめから何かしらのマニュアルがあって、そのマニュアルに添って行っていくという仕事ではありません。なぜならば、幼児一人ひとりの特性や状況に添いながら関わっていくことが保育の本質だからです。まず、はじめに、その子その子の特性や状況を深く理解していこうとする姿勢が欠かせません。

　では、その子その子の深い理解は、どうすれば生まれるのでしょうか。それは、子どもの「観察」です。子どもをよく見ることから生まれます。しかし、ここで大切なことがあります。保育の場で子どもを見るということは電車の車窓から景色を眺めるということとはわけが違います。また、子どもが、いつ、どこで、何をしたということを見逃さず、つぶさに見るということでもありません。

　その子への理解が深まる観察は、保育者が子どもへの「まなざし」をもって観察するということです。つまり、一人ひとりの子どもに「保育者のひたむきな思い」や「共感」をもって観察するということです。

①「まなざし」をもって見ると見ないの違い

　「まなざし」をもって観察するということが、よりわかりやすいように、エピソードをもとに話を進めます。

　エピソードにある写真は、3歳児のけんちゃん（仮名）が、描いた絵を撮影したものです。この絵は、一見して何を描いているのかわかりません。いわゆる幼児の「ぬたくり」です。この絵を、わざわざ写真に撮ったその先生は、この絵を高く評価しています。

〈エピソード8〉　幼児の描画

　先生は、描画しているけんちゃんを見たとき、夢中になっている姿に興味がわきました。なぜなら、いつも、けんちゃんは、あまり描画する姿は見せないからです。けんちゃんにそっと近づいて、描画する様子を眺めていました。
　けんちゃんが先生に気がつき、話しかけてきました。「この大きいのはパパの

だよ。このおいしいのはママのなんだよ。こっちのは、おばあちゃんにあげるんだよ」と言いながら丸い形をクレパスで描き続けています。そのとき、けんちゃんが何を描いているのかが、先生は理解できました。「みかん」を描いていたのです。次の週早々にクラスみんなで行く「みかん狩り」のことを子どもたちに伝えていました。とりわけけんちゃんは、

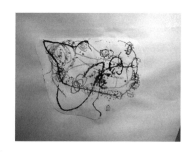

ずっと、「みかん狩り」に行くことを心待ちにしていました。何度も、「みかん狩り」のことを、先生に確かめに来たほどです。入園してから園になじめず、ずっと泣きじゃくっていたけんちゃんですが、夢中で描いている絵には、園生活への期待がいっぱい現れています。そんなけんちゃんの思いを知れば知るほど、けんちゃんの絵にその先生は感動します。

　１枚の幼児の絵を見るときでも、その絵を描いている子どもへの「まなざし」が、どれだけ深くあるかが、その絵の見方を大きく変えてしまいます。このエピソードの先生のように、けんちゃんの心の内を感じることや園での子どもの状況がわかっていないと、この絵は、たぶん感動をもって見ることはできないでしょう。それだけに、１枚の描画を、それを描く子どもの気持ちを推しはかりながら「共感的に観察する」ということ、つまり「まなざし」をもって観察することが必要です。

②子どもを見るキーワードを定めて観察する

　違うエピソードから「まなざし」をもって観察するということとは、どのようなことなのかを、さらに考えてみたいと思います。

　このエピソードの写真は、雨上がりの園庭のようすを写しています。日常的な園生活のなかの何気ない自由な場面の映像です。写真を撮った先生が、この場面を次のように記述しています。

〈エピソード９〉　遊びを「まなざし」をもって見る

　雨が上がって、ケイコ（仮名）が、ひとりで長ぐつで水たまりに浸かっていると、それを見ていたユキ（仮名）とレイ（仮名）が、同じ水たまりに裸足で入っていった。最初は、ただ水のゆれをじっとながめている３人だったが、ユキがジャンプすると２人もジャンプして泥水がはねて、周辺がぬれていくのをすごく楽しんでいる。突然、ケイコが、着てい

る運動着にも泥水がはねて汚れているのに気がつき，私に心配そうに「よごれちゃったね」と声をかけてきた。「あとで着替えたらいいよ」と私が言うと，安心したようすで，さらに思いっきりジャンプし始めた。他の2人とも手をつなぎ，うれしそうにジャンプを続けている。笑顔で遊びきっている子どもたちを見ると，私までつられて笑ってしまう。

　この記述は，3人の女の子の日常の一場面を切り取ったものです。この記述は何を伝えているのでしょうか。

　よく読むとわかると思いますが，ただ3人の女の子が水たまりに入って遊んでいるということだけではありません。傍らにいる先生が，どんな視点をもって，この子どもたちを見守っているかということです。この先生は，3人の女の子の「興味関心」や「意欲」や「夢中」をほほえましく受けとめています。とりわけ，自然な流れのなかで発生した自発的な「遊び（水たまり遊び）」に視点を置いています。

　子どもたちの姿や遊びを，どう捉え，どう見るのかは保育者の力です。いくつかのテーマ（たとえば興味関心・意欲・夢中など）を定めて遊びを見ることによって，遊びを分析できたり，見えなかった子どもの成長も理解できます。これも，「まなざし」をもって子どもを観察するということです。

2　子どもとともに遊びの環境をつくる

　「幼稚園教育要領」の第1章総則の「第1　幼稚園教育の基本」には，幼児期における教育は，「環境を通して行うものであることを基本とする」と示されています。これは，小学校以上の教育と大きく違うところです。教育の方法として教科書を使って，教師が黒板に板書しながら教えていく小学校以上の姿とは大きく違っています。園生活のなかで幼児自らが周りの環境に関わり，それぞれの興味関心に従って，「環境から学んでいく」ということが幼児の学びの基本の姿です。

　幼児にとっての学びの環境とは何かを理解するために，整理してみましょう。環境は「自然環境」「物的環境」「人的環境」「空間的環境」などに分けられます。保育者としてこれらの環境をどのように捉えて，どのように構成するかを，しっかり考えなければならないところです。

　ここで，環境の構成について留意しなければならない一番大切な関わり方があります。「子どもとともに遊びの環境をつくる」というこ

とです。

①主体的に遊べる環境を構成する

　エピソードを通して考えていきます。ある保育者が遊びの環境の構成に関わったエピソードです。

〈エピソード10〉　**保育者の予想を超えた遊びの展開**

　4月中頃の時期です。先生は，担任を受けもっている4歳児クラスの子どもたちの遊びに，もっと変化がほしいと思っていました。クラスの子どもたちの遊びが，クラスの仲間だけではなく，異年齢の子どもたちとも関わって，今までとは違った遊びが展開するような姿をイメージしていました。

　そこで異年齢の子どもたちが，たくさん集まる砂場に注目しました。砂場で異年齢の子どもたちが関わって遊ぶための「環境の構成」に取り組んだのです。

　先生は砂場のそばに古タイヤを置いて，真ん中に，砂をジェラートを盛るように詰めました（写真①参照）。

　どうして，こんなものをつくったかというと，理由は2つあります。ひとつは，異年齢の子どもたちが，みんなで関わって遊ぶ「きっかけ」となる物が必要だと考えてつくりました。日頃，目にしないものがそこにあると，子どもたち誰もが好奇心を寄せて関わってくるだろうという予想です。2つ目の理由は，まわりには満開の桜の木があって，桜の花びらや風で折れた小枝などが，たくさん地面に散っていました。そんな花びらや小枝を，その砂のジェラートに散りばめたり，刺したりして遊ぶような「季節の遊び」は，誰しも関心が向くのではないかという予想です。

　その先生は，砂のジェラートを中心に遊びがどんどん活発になっていくという期待のもと，子どもたちの様子を観察していました。そうすると，子どもたちのようすは次のような展開を見せました。

　確かに，その砂のジェラートに子どもたちは関心を寄せましたが，桜の花びらを散らしたり，枝を刺したりはしません。それどころか，どんどんジェラートを崩していくことに集中します（写真②参照）。その先生の予想はまったく外れます。かえって，砂のジェラートはジャマだというようすです。完全に崩したところで，子どもたちは，新たな砂遊びを始めました。

写真①　砂のジェラート

写真②　ジェラートを崩す子どもたち

　この先生は，子どもたちの望ましい遊びのイメージをもちながら

「環境の構成」をしたつもりでした。でも、子どもたちは、それを無視するような行動をおこし、期待した遊びは広がりません。何が問題だったのでしょうか。それはこの「環境の構成」が、その先生本位の、その先生だけの視点に立った「環境の構成」だったからです。子どもたちの興味関心やイメージを、よく理解していなかったからだとも考えられます。

「環境の構成」は、保育のカリキュラムを作成するうえでも欠かせないことですが、先に「環境の構成」があるというわけではありません。「環境の構成」とは保育者が一方的に用意した環境で「遊ばせる」ということではありません。子ども自身の視座に立って、子どもが魅力的に感じ、主体的に遊べる環境を構成していくという視点が大事です。そのためには前提条件があります。いま、どこで、どんな遊びが行われているのかを知っていること。さらに、子どもが、いま、必要としている「遊びの支援」とは何なのかを理解していることです。

②遊びの支援としての環境の構成

　幼児期になると手先の器用さ、巧みに指先を使う能力が飛躍的に発達していきます。それに伴い、手や指を使ってつくる活動もさまざまにレベルアップします。

　「どろだんごづくり」もそうです。3歳頃になると、だんだん、砂や泥でだんごをつくれるようになり、5歳になる頃には、美しい丸い形のどろだんごがつくれるようになります。

〈エピソード11〉　どろだんごアパート

　「どろだんごアパート」は、子どもたちがつくった「どろだんご」を、個別に置いておく整理箱のようなものです。写真を、よく見るとわかると思いますが、それぞれの子どもの園でのマークが描かれた「引き出し」があります。子どもたちは、自分のマークの「引き出し」に自分の「どろだんご」を置きます。
　このような「どろだんごアパート」は担任の先生が「どろだんご遊び」の「環境の構成」として設けたものです。
　先生は、子どもたちの「どろだんご」づくりの様子をよく観察することで、子どもたちはどんなことを喜んでいるのか、また、反対に、どんなことに悩んでいるのか、どんなことにチャレンジしようとしているのか等々、子どもたちの心情や意欲が理解できます。
　たとえば、立派な「どろだんご」をつくった子どもたちは、自慢気です。園庭

に並べて飾っておくような場面もあります。でも、それを、つい他の子が蹴とばしてしまったり、雨が降って崩れたりすることもあります。子どもは、せっかくの自慢の「どろだんご」が、粉々になった様子にがっかりしてしまいます。やはり、時間をかけてつくった「どろだんご」に感じる子どもたちの「満足感」や「達成感」を残していくことは必要なことだと感じます。

「どろだんごアパート」は、自慢の「どろだんご」を崩さず飾っておくステージとしての役割があります。

また、多くの子どもたちがつくったさまざまな「どろだんご」が「どろだんごアパート」にまとまって置いてあると、子どもたちは、多くの発見や意欲を湧きだします。「ぴかぴか光るどろだんご」「赤ちゃんどろだんごがいっぱい」とか「こんなでっかいのつくってみたい」というような発見や意欲です。それは、アイデアや工夫の宝庫です。新たに1つの目標を立てて取り組む起点にもなります。「環境の構成」としての「どろだんごアパート」は、「遊びの支援」としての「環境の構成」と言えます。

「どろだんご」づくりは、保育者が指導してつくるものではありません。子どもたち自身が、遊びのなかで、他の子のつくるようすを見てつくり方を学ぶのです。その意味で年長5歳児の「どろだんご」は、みんなのモデルとなります。まわりの子どもたちは、そのつくるようすをしっかり見て、美しいどろだんごをつくるテクニックを知ります。これは、幼児の自主的な「学び」のプロセスにほかなりません。

3 エピソードから見えてくる子ども理解と保育者の関わり

①子どものそれぞれに応じた保育者のまなざしと子どもの育ち

子どもは、最初から自力で生活や遊びができるわけではありません。世話をしてくれる保育者が側にいてくれることを頼りに、興味や関心を寄せたことに取り組みます。そのなかで自分自身を象徴しながら生活や遊びを楽しみます。行き詰まっては立ち止まり鋭気を得ては進み、行きつ戻りつを繰り返しながら心の拠り所となる保育者を頼りに、生活や遊びを展開していきます。

そこには、自分を見てくれる、守ってくれる保育者との信頼関係が根底にあります。ですから、保育者は、一人ひとりの子どもを支え、一人ひとりの発達や違いを受けとめ、よりよい成長を育める存在でなければなりません。

そのためには、日々の子どもとの関わりにおいて、子どもの何気ないつぶやきや表情、仕草から、子どもの状況を把握し、いま、ここに

第5章 子どもとともに生活する

おいてどう関わるべきか，また，どう関わるとよかったのかを振り返り，保育に活かしていくことが求められてきます。

そのようなことをこの節におけるエピソードから紹介します。

エピソード8では，保育者の子どもに対する共感的な観察や子どもの育ちに応じた関わりが，他児にはなかなか伝わりづらかった3歳児けんちゃんのパパとママを表出させています。

そこには，"保育者がぼくをいつでも受け入れてくれる"，また"見てくれている"という安心で安全な信頼関係が，けんちゃんの積極性を引き出しています。けんちゃんは，描画の内容を一生懸命，言葉の力を借りて伝えています。

また，保育者は，けんちゃんの伝えたい気持ちを受け入れ，けんちゃんの心動かされた体験に耳を傾け，ゆったりとした気持ちで関わっています。その関わり方は，けんちゃんの伝えられるようになった言葉を通して，描画の内容を説明する力が発揮されています。そしてそこには，けんちゃんの思いを込めて描いた内容について，説明をする喜びが見られます。

その説明する喜びは，保育者がけんちゃんとのいま，ここを大切にしたことで見られるのです。これまでのさりげない会話内容と照らし合わせることで，見えなかったものが見えるようになったのです。

見えなかったことが見えるようになるにおいて，けんちゃんの思いや考えを，そしていろいろな方法で自己を表出する世界を覗くことができます。

エピソード9においては，子どもの自発的な遊びを育む保育者のまなざしや関わり方が描き出されています。仲間とともに遊ぶ子どもは，自然事象から見つけ出した水たまりに，興味や関心をもち，洋服が濡れることや汚れることを気にせず，遊びのおもしろさを見つけて夢中になって遊んでいます。

それを保育者は肯定的に受けとめ，理解を示すまなざしが，子どもの知的好奇心を育み豊かな体験へと結びつけています。

最初，水たまりの水の揺れを眺めていた子どもです。その揺れをのぞき込むと，自分の姿が映し出されます。"あれ〜！　どうしてだろう"と不思議に思いながら眺めていた水たまりに，ジャンプするとどうなるのだろうと好奇心を抱き試みます。すると，水たまりの泥水が跳ね返ってくることにおもしろさを覚えます。なぜ，ジャンプをすると水が跳ね返ってくるのだろうと，知的探究心や好奇心が揺さぶられ

ます。

　そうしながら，何度も試みると，その泥水の跳ね返った水が周辺を濡らしていくことに気づかされます。子どもは，幾度となく，その水たまりに向かってジャンプをします。すると，その泥水は，ジャンプをする方向によって濡れていく箇所も違ってくることに気づきます。

　その気づきに，さらなる探究心を掻き立て，あたり一面をジャンプの跳ね返り水で濡らしてみようと思いつき，遊びを展開させています。

　そこには，目的をもたずにただ楽しんでいた遊びは，心動かされたコトに遊びのおもしろさを見つけ，ジャンプした泥水であたり一面を濡らしていく目標をもった遊びとなります。

　その目標をもった遊びへと子どもが向かうにおいて，そこには，"やりたいことをやってもいいよ"と，いわんばかりの保育者の温かいまなざしが，子どものやりたいことを楽しめる状況をつくっています。

　子どもの自発的な遊びを受け入れることによって，水たまりにジャンプしたとき，ジャンプの方向性に気づきながら，あたり一面を濡らしていく楽しみ方の方法を自分たちのものにしていくようすが見られます。

　そこには，その遊びへの見方や考え方，遊び方を見守ることで，子どもたちが，それを自分たちのものにしていく子どものようすが見られます。この過程が学びに向かう力を育んでいます。

　ここにおける学びに向かう力とは，水たまりにジャンプをして泥水であたり一面を濡らしていく遊びを自分が自分で見つけて，自分から行動し取り組むことへの充実感です。また，友だちと一緒に行動し，おもしろく楽しみながら取り組む意欲です。そして，あたり一面を泥水で濡らしていこうと目標に向かう積極的な姿勢の態度が見られます。

　子どもは，生活や遊びのなかで楽しさやおもしろさを見つけると，そこで何かを感じたり，気づいたり，試したりしながら自分から進んで取り組もうとします。その興味や関心をもった自発的な遊びを理解し受け入れることにより，好奇心や知的探究心，思考力，判断力，表現力の芽生えが見えてきます。

　ここでエピソード8とエピソード9をまとめてみると，子どもの遊びには，一人で楽しむ世界もあれば，集団で楽しめる世界もあることがわかります。その遊びは，はじめは自由奔放で目的をもたないのですが，遊びを楽しむことで遊びの目標を見出すと，子どもは，試した

り，工夫したり，思考錯誤しながら，遊びを充実させていきます。

　そのような子どもの生活や遊びに，保育者は子どものそれぞれに応じて，ほんのりとした温かいまなざしをもって直接的・間接的に関わるのです。

　そうすることで，それぞれの発達に即しながら，身近な環境に，また出会ったモノ・コトに主体的に関わり，いろいろな体験を通して発達し学びに向かう力が育まれ，子どもの生活や遊びがより豊かになっていくのです。

②環境による保育と省察

　幼児教育は，環境による教育といわれています。子どもの自発的な遊びを促すには，環境が大切であることはいうまでもありません。その環境は，保育者が意図的に構成することもありますが，子どもとともにつくりだす環境もあります。また，子どもがつくりだしていく環境もあります。

　そのなかで大切なことは，子どもが「○○をさせられている，やらされている」などと受け身的ではなく，「○○をやってみたい！　やりたい」などと自発的に関われる環境をつくりだしていくことが大切なのです。そのためには，子どもの，いま，ここを観察し，子どもを理解することで，どのように環境を構成することが子どものよりよい育ちにつながるかを考えながら保育をすることです。そのためには，子どもの目線に立ち，子どものよき理解者，共同作業者として関わり，保育を構想していく力が必要となります。

　エピソード10においては，保育者が異年齢での交流を想定した意図的な環境を設定しています。しかし，子どもは，保育者の意図した遊びとは異なる自己のイメージのもとで遊びを展開しています。そのような状況において，保育者は，保育者自身の意図的な遊びを押しつけておらず，なぜ，どうして，子どもはあのような遊びをしたのかを振り返っています。そして，子どもの目線に立ち，子どものいま，ここの状況を把握しながら環境構成や保育構成をしていくことの必要性を反省しています。

　そのような状況から考えると，計画したことを予定通りに進めることだけが保育ではないのです。大切なことは，子どものいま，ここに寄り添い，子どものいま，ここに応じて柔軟に保育をすることです。

　しかし，ここで思い違いをしてはいけないのは，ながされっぱなしの放任保育になってはいけないことです。そこに，保育の難しさがあ

るのです。

　保育をすることにおいて，その時々に応じて瞬時に即応することが望ましいのですが，子どもと生活や遊びをともにしている保育者は，さまざまな場面に出合います。また，子どもの生活や遊びは場面ごとに変化し，さまざまなことが絡みあっています。ですから，いま，ここにおいて瞬時に即応することは，難しいこともあります。また，即応したとしても，それが，子どもにとってよかったのかどうかが，見えない場合もあります。

　子どもと生活や遊びをともにした先達者の倉橋惣三は，次のようなことを言っています[9]。

> 　子どもが帰った後，その日の保育が済んで，まずほっとするのはひと時。大切なのは，それからである。
>
> 　子どもと一緒にいる間は，自分がしていることを反省したり，考えたりする暇はない。子どもの中に入り込みきって，心に一寸の隙間も残らない。ただ一心不乱。
>
> 　子どもが帰った後で，朝からのいろいろなことを思いかえされる。われながら，はっと顔の赤くなることもある。しまったと急に冷汗の流れ出ることもある。ああ　済まないことをしたと，その子の顔が見えてくることもある。
>
> 　一体保育は，……。一体私は，……。とまで思いこむことも屢々（しばしば）である。
>
> 　大切なのは此の時である。此の反省を重ねる人だけが，真の保育者になれる。翌日は，一歩進んだ保育者として子どもに入り込んでいけるから。

　そのような倉橋惣三の考え方を視点に置くと，エピソード10においては，子どものいま，ここの遊びを受け入れながら，保育者が意図していた環境から予想外の遊びが展開されたことを振り返っています。そして，子どもの興味関心のある遊びを視野に入れて，遊びの内容を予測できなかったことを反省しています。

　保育をするにおいて大切なことは，自己の保育を振り返り，子ども一人ひとりの表情や仕草から，「何をどうしてほしかったのだろうか」，また「何を伝えたかったのだろうか」，また「どうすることが子どものよりよい育ちにつながったのだろうか」，また「保育者としての関

[9] 倉橋惣三『育ての心（上）』フレーベル館，2008年，p. 49。

わり方は，あれでよかったのだろうか」,「他にどのような関わり方があったのだろうか」,「環境構成は，あれでよかっただろうか」などと振り返り，明日につないだ保育を再構成していくことに保育者がそこにいて保育をしていく意味があるのです。

　保育を再構成することにおいて，子どもの活動は連続性をもち備えています。子どもの今日の遊びが，明日へとつないでいけるような環境を工夫することも必要です。その遊びの連続性を意識した環境の工夫がエピソード11「どろだんごアパート」にて見られます。

　最後に，子どもへの関わり方においてマニュアルなどは存在しません。保育者は，一人ひとりの子どもを受けとめ，一人ひとりの発達や違いを認識し，生活や遊びをより豊かにしていけるような関わり方を見出していくことです。そうするには保育者が子どもと生活や遊びをともにしながら，いま，ここにおける子どもの生活や遊びをより豊かにしていくために何が必要なコトかを悟ることです。そして，子どもの表情や仕草，態度からそのなかで象徴しているコトを読み取り，それが表出できるような関わり方を編み出していくことです。

　そして，子どものそれぞれにおいて，幼児期において育みたい資質・能力や育てたい姿を視野にいれて，子どもに備わっている力や芽生えつつある能力を読み取り，関わり方を模索し続け，子どものよりよい育ちを育んでいくことが大切なのです。

第6章

「保育現場」の求める保育者の専門性

第1節 礼節とマナーをもって関わることのできる人に

1 「礼節」と「マナー」とは

「礼節」とはどういう意味でしょう。「衣食足りて礼節を知る」という諺がありますが、これは「人は生活に余裕ができて初めて礼儀や節度をわきまえることができる」ということを表しています。この「礼節」は、社会生活の秩序を保つために必要とされる行動や作法、礼儀のことです。そして「マナー」とは、その「礼節」にかなっているかどうかという観点から見た「態度」と捉えるとわかりやすいでしょうか。

日本は昔から「礼節の国」と言われてきました。あの東日本大震災の大混乱のなかで、被災者の方たちが整然とコンビニの前に列をつくり並んでいる姿に、海外のメディアは驚きを隠せませんでした。日本人であることを誇りに感じた人も少なくなかったことでしょう。

しかし、一方で「日本人は礼節を重んじなくなった」と嘆く声も聞かれます。「マナーなんて堅苦しくて面倒くさい」と思っている若者も多いかもしれません。私たちは日本人が大切にしてきた「礼節」と「マナー」の大切さを今一度再認識する必要があるように思います。

2 社会人としての基本的なマナー

ある大学で保育者をめざす学生たちに、「保育者をめざすにあたり必要だと思うこと」についてアンケート調査をした結果、もっとも多かった答えが「子どもが好き」（82%）、次いで多かったのが「社会人としてのマナーや常識」（66.8%）でした[1]。このことからも保育者をめざす学生たちの多くは、保育者には「マナー」が必要であることを理解しているようです。

「マナー」を守ることで相手もそして自分も気持ちよく生活することができます。「マナー」はそのための守るべき「ルール」であるともいえます。「マナー」はそれぞれの国や文化、地域や時代によっても変わってきますが、ここでは現代の私たちが守るべき社会人として

[1] 坂本渉・辻富士子「保育者養成における学生の意識についての一考察――学生の意欲を高める実習指導を目指して」『プール学院大学研究紀要』第55号、2014年、pp. 169-181。

の「マナー」について考えてみましょう。

> 〈ワーク1〉
> ①あなたは社会人として身につけるべき「マナー」とは，どんなことだと考えますか？
> ②「保育者」としての自分が，特に身につけるべき「マナー」とはどんなことだと考えますか？

　社会人として守るべき「マナー」は，細かくあげるときりがありませんが，特に以下の3点はどの職業においても最低限守るべきことと言えるでしょう。
　　・相手や状況に応じた挨拶を自分から行う。
　　・自分の言動に責任をもつ。
　　・時間を守る。

①笑顔で気持ちのよい挨拶を

　私たちが人に会ったとき，その人の印象はそのときの表情に大きく影響されています。その人がどんなに丁寧に挨拶をしたとしても，表情が暗ければ，私たちは決していい印象はもたないでしょう。「笑顔」で挨拶をすることは良好な人間関係を築く第一歩です。

　目上の人に対しては自分から先に挨拶するように心がけましょう。はっきりとよく聞こえる声で気持ちのよい挨拶をすることが大切ですが，相手やそのときの状況に応じて臨機応変に対応することも必要です。

②自分の言動に責任をもてる人に

　「自分の言動に責任をもつ」ということは，人のせいにしないということです。自分の言ったことには自分で責任をもつ，自分のしたことには自分で責任をもつということです。

　人間ですから，私たちは間違いも犯します。失敗することもあります。人に迷惑をかけてしまうこともあるでしょう。誰でもそこから逃げたくなります。何とかして自分を守りたくなります。でもそのようなときこそ，自分で責任をもたなければなりません。素直に誠意をもって謝ることができることも社会人にとって必要なマナーです。

③時間を守り5分前行動を

　日本人は「時間を守る」と海外の人たちから評価されています。海外で暮らしてみるとそのことがよくわかります。マナーというものは

先にも述べたように，国や地域，文化などによって変わってくるものです。ですから国によっては「時間を守る」ことはそれほど重視されていないところもあります。しかし，私たちの国ではそれは社会人としての基本的マナーです。約束の時間の5分前にはその場にいることができるよう心がけたいものです。

3 保育者として心がけることとは

筆者も長く保育現場で子どもたちと関わってきましたが，担当したクラスの子どもたちがだんだん自分の物の言い方や行動の仕方を真似するようになる状況に何度も出会いました。

私は勤務していた園とは異なる地域の出身だったので，方言が違っていました。なるべく子どもたちの前では標準語をと心がけていてもちょっとしたときに思わず使ってしまうこともありました。するといつの間にか子どもたちは私の話し方を真似しているのです。さらに私の何気ない仕草もびっくりするほどそっくりに真似しているのです。

このことからもわかるように，子どもたちは保育者の言動を本当によく見ています。そしてそれをお手本としているのです。もちろんこちらが真似してほしくないことも子どもは真似をします。このことを私たちはしっかりと認識しておく必要があります。子どもに真似されても恥ずかしくない行動を常に心がけなければなりません。

第2節 保育における協働性

1 協働性とは何か

「協働」という言葉を国語辞典で調べてみると「同じ目的のために協力して働くこと」と記されています。どんな仕事であっても協力して働くことは重要なことであると思われます。しかしそのなかでも保育現場は特にこの「協働」が必要な職場です。

「ティーム保育」とは複数の保育者がティームを組み，協力して保育を行うことですが，これこそ「協働」と言えるでしょう。

保育所や幼稚園ではクラス担任は決まっていても，その保育者だけ

がクラスの子どもたちすべてを登園から降園まで，一人だけで見ていることは，不可能に近いでしょう。朝の受け入れや自由遊びの時間など，自分の担当の子どもでなくても関わりをもつことは少なくありません。保育の現場で子どもたちと向きあう私たちには「協働性」が求められるのです。

2 保育者に求められる「得意分野」と「協働性」

2002年6月に文部科学省から出された「幼稚園教員の資質向上について——自ら学ぶ幼稚園教員のために（報告）」のなかに，「幼稚園教員に求められる専門性」として，以下の8項目があげられています。

①幼児理解・総合的に指導する力
②具体的に保育を構想する力，実践力
③得意分野の育成，教員集団の一員としての協働性
④特別な教育的配慮を要する幼児に対応する力
⑤小学校や保育所との連携を推進する力
⑥保護者及び地域社会との関係を構築する力
⑦園長など管理職が発揮するリーダーシップ
⑧人権に対する理解

このなかにも③に，教員集団の一員としての「協働性」があげられています。

この報告書のなかで，「幼稚園教員は（中略）具体的に保育を想定し総合的な指導を展開していくにあたり，それぞれの得意分野を有していることが求められる」と述べられています。それは体を動かすことでも，読み聞かせであっても，個別な支援を必要とする子どもに対する指導であってもよいのです。教員それぞれの得意分野が，子どもたちの興味を引き出し，子どもの豊かな活動につながっていくと言えます。そしてこのようにさまざまな得意分野をもち，「個性あふれる教員同士がコミュニケーションを図りつつ，教員集団の一員として協働関係を構築して，園全体として教育活動を展開していくことが求められている」とも述べられています。先にも述べたように，保育現場では「ティーム保育」が行われる場面が多くあります。この「ティーム保育」においては複数の保育者が自分のもち味を活かして，一人ひとりの子どもたちにより柔軟に対応し，一人ひとりに寄り添った援助ができるというメリットがあります。まさに「得意分野と協働性の発

➡2 文部科学省「幼稚園教員の資質向上について——自ら学ぶ幼稚園教員のために（報告）」2002年。

揮が期待されている」のです。

この報告書は幼稚園教員の資質向上のために作成されたものですが、ここに述べられていることは保育士にもまったく同じように通じるものであると思います。保育者が自分の得意分野をもち、それを目の前の子どもたちの指導に活かすこと、そしてそれぞれ得意分野をもった保育者たちが「協働」して保育をしていくこと、それがいま保育者に求められているということなのです。

3 全国保育士会倫理綱領にみる「協働性」

2003年に採択された「全国保育士会倫理綱領」[3]には、「私たちは、子どもが現在（いま）を幸せに生活し、未来（あす）を生きる力を育てる保育の仕事に誇りと責任をもって、自らの人間性と専門性の向上に努め、一人ひとりの子どもを心から尊重し、次のことを行います」と記され、以下の3つがあげられています。

「私たちは、子どもの育ちを支えます」
「私たちは、保護者の子育てを支えます」
「私たちは、子どもと子育てにやさしい社会をつくります」

そしてさらに「保護者との協力」として、「私たちは、子どもと保護者のおかれた状況や意向を受けとめ、保護者とより良い協力関係を築きながら、子どもの育ちや子育てを支えます」ということや、「チームワークと自己評価」として「私たちは、職場におけるチームワークや、関係する他の専門機関との連携を大切にします。また、自らの行う保育について、常に子どもの視点に立って自己評価を行い、保育の質の向上を図ります」ということなどが謳われています。

このように保育者には、子どもの育ちや子育てを支えるためにまず保護者との協力関係を築くことや、職場における職員同士のチームワークを大切にしなければならないことが求められます。さらに、他の専門機関との連携も大切にしなければならないことがわかります。そして、自分自身の保育を常に振り返り、自己研鑽に励み、保育の質の向上に日々努力しなければならないのです。

4 保護者との「協働」とは

保育の現場において「協働」するのはまず保育者同士ですが、先に

[3] 社会福祉法人全国社会福祉協議会・全国保育協議会・全国保育士会「全国保育士会倫理綱領」2003年。

も述べたように,子どものよりよい育ちのために「協働」すると考えたとき,その相手として「保護者」を忘れるわけにはいきません。家庭との連携は子どものよりよい育ちのためには必要不可欠なものであり,「保護者」とはともに「子どもの育ちを支えている」という意識をもっておかなければなりません。

　保護者と保育者は上下関係でもなければ友人関係でもありません。子どものためにお互い必要なことはきちんと伝えあい,ともに考えていく関係なのです。もちろん保育者はときには専門家としての立場から,子どもの状況や自分の考えを保護者に伝え保護者に指導することもあります。保護者からさまざまな相談を受けることもあるでしょう。自分の保育について保護者からクレームを受けることもあるかもしれません。

　保育者が保護者と「協働」する場合,一人ひとりの保護者との信頼関係が必要です。一人ひとりの保護者の置かれている状況や抱えている悩みや問題にしっかり寄り添い,その状況を踏まえて向きあうことで,子どもの最善の利益のための「協働」ができるようになるのです。

5 「協働」の実際

　筆者が幼稚園教諭として現場で5歳児のクラス担任をしていたときのことです。[4]

　1クラス36人の子どもたちのなかに,車いすを使用している女児Aちゃんがいました。車いすを使用し始めてまだ日の浅いAちゃんは,車いすの操作に慣れず,見ていて危ないことも多くありました。自然豊かな園庭には傾斜も多く,Aちゃんが車いすごと転ぶのではないかと常に心配で,私はしばらくAちゃんから目を離すことができませんでした。しかし,常に私がAちゃんと行動をともにしていたのでは,クラス全体の子どもたちのようすを把握することができません。しかし,だからと言って補助の教員がつく見込みもなく,いまいるメンバーで何とかするしかありませんでした。Aちゃんの保護者はそれまでも補助に来てくれていたので,「協働」はある程度できていました。クラスの保育に入ってもらうことも多くなっていましたが,あくまでもAちゃんの補助に徹し,クラスの保育中に見聞きしたことは他の保護者には伝えないように,お願いしていました。それでかなり助かってはいたのですが,次第に私はAちゃんがなんでも

➡4　松井尚子「友達と一緒に考えたり工夫したりする充実感を味わう環境づくり」『福岡教育大学幼児教育研究会紀要』第7号,2000年,pp. 67-81。

保護者に依頼して、自分でできることもしないようになってきたことが気になってきました。そこで、保護者と話しあいをし、少しＡちゃんから離れて見ていてもらうこととし、その代わり教員同士の連携をさらに密にすることにしました。

　もちろんＡちゃんのことがある前から教員同士は「協働」していました。しかし、Ａちゃんを危険から守るために、より教員同士、「チーム」として保育をしていくという意識をもつことが必要となりました。教員の一人ひとりが、Ａちゃんがどこで何をしているか把握するように努めました。そして担任も自分がその場を離れるときは、近くの教員にそのことを伝え、常に誰かが近くにいる状況を以前よりも意識してつくっていきました。そして、教員一人ひとりが運動遊びや造形遊び、砂遊びなど自分の得意なことで、車いすに乗っているＡちゃんと周りの幼児たちが一緒に楽しめるよう援助していきました。そのことによって、Ａちゃんに対して特別な目で見ていたり、少し遠慮していたり、また、教師が常にＡちゃんを気にしていることを快く思っていなかったりした周りの子どもたちも、Ａちゃんと一緒に生活することが楽しくなってきたようでした。そしてそのうち、周りの子どもたちとも「協働」できるようになってきたのです。

　担任が一緒にいて、どうしてもその場を離れないといけなくなったとき、そばに他の教員がいないときは、そこにいる子どもたちに「先生、ちょっとだけ向こうに行ってくるから、Ａちゃんお願いね。車いすを動かすときは必ず呼びに来てね」と話し、子どもたちはしっかりとその約束を守ってくれるようになりました。そして周りの子どもたちにも、自分でできることは手伝わずに、自分でさせるほうがよいのだとも伝え、子どもたちもそれを実行してくれました。

　このように教員と保護者そして子どもたちが「協働」することで、教員同士の意識も高まり、保育内容もさらに充実し、子どもたちも障害をもった友だちがクラスにいることが当たり前の生活を子どもたちなりに十分楽しむことができたと思っています。

第3節　一人ひとりの子どもに寄り添う

　保育者をめざす人はだれでも、保育者になった際には、一人ひとりの子どもを大切にして関わっていきたいと考えていると思います。

「保育所保育指針」の「第2章 子どもの発達」の「2 発達過程」のなかで、「一人一人の発達過程や心身の状態に応じた適切な援助及び環境構成を行うことが重要」と述べられています。また、「幼稚園教育要領」においても「第1章 総則」の「第1 幼稚園教育の基本」のなかで、「幼児一人一人の特性に応じ、発達の課題に即した指導を行うようにすること」と述べられています。保育をすすめるにあたって子どもの発達や一人ひとりの特性を重視していく必要性がわかります。

では、一人ひとりの子どもに寄り添うとはどのようなことでしょうか。

1 一人ひとりに寄り添うとは

筆者が保育者になり初めてクラス担任になったとき、子どもたちのよいところを大切にして保育をしたいと考えていました。

縦割り保育のクラスで保育をするなかで、年長のYくんが年少の子どもに手を出していました。ほめる際は、みんなの前で、叱る際は個別にと先輩の保育者から教えていただいていたこともあり、初めはYくんと2人きりになって話していました。しかし、「なぜ年少さんをたたいてしまうのかわからない」と黙ってしまいます。

担任として、"手が出てしまうことは、何か理由があるかもしれない"、"何とかYくんのよいところを見つけたい"と思っていました。しかし、すぐに手が出てしまうYくんに対して気づくと叱ることが多くなり、なかなか信頼関係を結ぶことができていませんでした。

このような状態が続き、Yくんとの関わりに悩んでいた際の出来事です。

クラスでうさぎを小さい小屋で育てていました。夏の暑い日、クラスの子どもたちはみな外遊びに夢中でした。その際にNちゃんが「先生こっちにきて」とうさぎ小屋に私の手を引っ張っていきました。小屋を見るとYくんが空になった水入れに水を入れていました。Nちゃんは「先生Yくんすごいね。みんな気づいていないのにお水をあげてやさしいね。いいところあるね」と伝えてくれました。

私は、その言葉にはっとしました。保育者になった際には、子どもたち一人ひとりのよいところを大切にしたいと思っていたにもかかわらず、子どものよいところを探すことをしていなかったのではないか、

すぐに手が出るYくんという気持ちで接していたのではないかと思いました。

　Nちゃん自身も先生は，Yくんを叱ってばかりいると感じていたのかもしれません。「Yくんにはよいところがたくさんあるよ」と私に気づかせてくれたと思います。この出来事は，自分の関わり方を振り返るきっかけになりました。

　帰りの会の際に，クラスの子どもたちにもその日の出来事を伝えました。「今日は暑かったけれど，みんなは喉が渇いたらどうするかな」と聞くと，子どもたちはお茶を飲むとすぐに答えました。私が「クラスで育てているうさぎは今日みたいに暑いときにはどうしたらよいのかな」と聞いてみると「自分で飲めばいい」や「気づいた人があげる」などさまざまな意見がでました。「でもうさぎが小屋の上から逃げないようにおもりが置いてあるから自分で飲むことはできないよね。今日はうさぎのお水がなくなっていたこと誰も気づいていなかったけれど，ひとり気がついてお水をあげていた人がいます」と伝えると子どもたちは「すごいね。だれ？」と聞いてきました。「クラスのみんなも先生も誰も気づいていなかったけれど，Yくんだけは気がついてくれて，水を入れてくれていたんだよ」と話すと「Yくんすごいね」と拍手がおこりました。Yくんもみんなにほめられて照れていました。

　担任としてみんなの前で叱ることが多くなっていたことで，周りの子どもたちもYくんに対してすぐ手が出てしまう子どもと感じていたかもしれません。私の関わり方が，Yくんが素直になれなかった理由のひとつであると自分の保育を振り返り反省しました。それから少しずつYくんは，周りに受け入れられて気持ちが落ち着いてきました。

　子どもと関わるなかで，子どもを受容し，子どものよいところを探していく必要があります。子どもは，保育者が受け入れてくれたことで，自分の本当の気持ちを話すことができると思います。そのときに言葉で伝えることができなくても，少しずつ信頼関係をつくっていく気持ちが保育者には必要なのです。決めつけずに関わっていく姿勢は子どもたちにも伝わります。Nちゃんがそのことに気づかせてくれたと感謝しています。

　保育者は，子どもを育てるのが仕事ですが，実際に保育者として現場に出ると子どもたちから教えてもらうことが多く，自分自身を振り

返るきっかけになります。

　園に朝，泣いてくる子どものなかには，保護者と別れるのがつらくて泣いている子どもや園にまだ慣れていなくて泣いてくる子ども，自分の思いが通らなくて泣いている子どもなどさまざまです。保育者は，子どもがなぜ泣いているのか，子どもの内面に目を向けて理由を考えていく必要があります。同じ泣くという行動であっても援助の仕方が違ってくるのです。

　一人ひとりに寄り添うとは，子どもの言葉にならない気持ちを察して受けとめて子ども自身が自分を発揮できるように導いていくことなのです。

2　一人ひとりに寄り添うために必要なこと

　一人ひとりに寄り添うために必要なこととして，以下の4点をあげたいと思います。この4点を意識して保育をすることで，子どもたちに寄り添った関わりができるのではないでしょうか。

①子どもの言葉や行動の意味を考える

　子どもの発する言葉や行動だけではなく，子ども同士の関わりなどよく観察し，なぜいまその言葉を発するのか，行動するのかその理由を考えることができる保育者になってほしいと思います。

②園全体で一人の子どもを見ていく意識をもつ

　多くの子どもたちを見ていかなくてはならないクラス担任は，やりがいがあっても大変であると感じる人もいると思います。

　子どもとの接し方に悩んだ際は，"自分のクラスの子ども"という気持ちから一人で抱え込むのではなく，他の先生に相談することや関わってもらうことが必要です。別の視点から子どもの可能性を伸ばしていくことができます。また，さまざまな先生に関わっていただくことで，子ども自身の気持ちも楽になり安心します。一人で抱え込まず，園全体で子どもを見ていく姿勢が大切なのです。

③一人ひとりの記録をとり振り返る

　その日，子どもたちとどのような会話をしたのか，どのように接したのか記録ノートをとることで自分の保育を振り返ることができます。時間がないときは，キーワードだけでも構いません。記録を見ると大泣きしていた子どもや最近調子が悪かった子どもに多く声をかけ関わっていることがわかります。

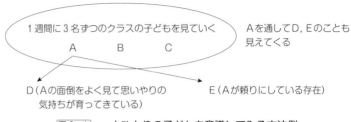

図6-1 一人ひとりの子どもを意識してみる方法例
出所：筆者作成。

1週間書いた記録ノートを見ると自分の偏った接し方がわかります。当たり前に頑張って登園している子どもには，声をかけていることが少なくなっていることに気づきます。

記録ノートから関わりが足りない子どもや見守ることが必要な子どもなど，いま深く関わっていかなければならない子どもが見えてきます。子どものなかで「いま育ちつつあるもの」「育ち始めたもの」「そろそろ育っているはずなのにまだほとんど育っていないもの」を注意深く見ていき自分の関わりを振り返る必要があります。[5]

④意識して子どもを見ていく

クラス担任になって1年目の際は，クラス全体を見てまとめようと誰しも思います。しかし全体を見ようとすると1学期が終わる頃には，子どもの誰のことも深く理解できず，クラスもまとまらない状況であったと悩む保育者もいます。

それではどのようにして子どもを見たらよいのでしょうか。実際の1つの方法としてクラスの子どもたちを1週間にA, B, Cの3名ずつ集中して意識をして見ていく方法があります。この方法を実際に実践したことで，それまでは見えていなかった子どものようすがわかるようになってきました。集中して見ることで，A, B, Cがいま興味があることや特性などに気づきます。それと同時に，Aをじっくり観察するとDは頻繁にAの面倒を見ていて思いやりの気持ちが育ってきている，EはAと一緒に遊ぶことが多くAが頼っている存在であるなど他の子どものことも見えてきます（図6-1）。日々の保育で，ただ見るのではなく，わかろうと意識して見ていくことが必要だと言えます。一人の子どもをじっくり観察することでその子どもを通して他の子どもの特徴や子ども同士の関係なども具体的に見えてくるのです。

---

[5] 田中敏明『幼稚園・保育所指導計画作成と実践のためのねらいと内容集』北大路書房，2014年，p. 14。

3 ワークを通して,一人ひとりに寄り添った援助を考える

〈ワーク2〉

　年中から初めて入園してきたUは,朝クラスの入り口で靴をぬぐことがやっとできる状態である。保育室に入るときも自分からドアを開けて入ることができない。そのような様子が何か月も続いた。朝の会でも名前を呼ばれても返事を1年間することができなかった。
　Uに対して担任としてどのような気持ちで接することが必要でしょうか。

　Uは幼稚園に入園するまで,両親と祖父母など大人としか接したことがなく,園に入っていきなり多くの子どもたちを見て驚いたと保護者からしばらく経って聞きました。年中なのになぜできないのかと思わずに子どものいままでの環境にも目を向ける必要があります。他の子どもと比べるのではなく,その子ども自身の成長に目を向け,寄り添っていくことが大切なのです。

〈ワーク3〉

　2学期の運動会前に引越しをしてきた年長のTは,なかなかクラスの友だちに馴染めません。クラスの男児は自分たちでサッカーをしたり走り回ったりしています。Tが入りやすいように声をかけますが,遠慮して入ることができません。
　Tに対して担任としてどのように関わっていきますか。

　Tは動物が大好きで,「昨日テレビできりんのことやってた。先生どうしてきりんの首は長いか知ってる?」などと担任には慣れてよく話してくれました。
　Tには,無理に友だちのなかに入っていくよりも,まず自分に自信をもつことが必要であると考え,Tが好きな動物の話をクラスの子どもたちに伝える機会をつくりました。すると周りから「Tくんもっと聞きたい」と言われとてもうれしそうでした。それから帰りの会などの時間にTに好きな動物の話をしてもらうことにしました。Tが話すことで子どもたちが動物に興味をもち始め,世界にどのような動物がいるのかみんなで調べて動物をつくる時間をとりました。子どもがいま何に興味をもっているのか,好きなことは何か,一人ひとりの興味や関心があるものを探して伸ばしていくことが必要です。

このことがきっかけで、Tは自分の思いを伝えることができ、少しずつ自信をもつことができました。友だちとの関係にも変化が見られ、自然に輪のなかに入っていけるようになりました。

保育者には、「幼児の思い、気持ちを受け止め、幼児が周囲の環境をどう受け止めているのかを理解すること、すなわち、幼児の内面を理解しようとすること」が求められます。いまどのような関わりが必要なのか観察し、子どもの不安な気持ちや思いに共感することが大切なのです。

➡ 6　文部科学省『幼稚園教育要領解説』2008年、p. 31。

保育者が、「これまでの経験に基づく技法のみを問題状況にあてはめようとするのではなく、直面する問題状況の原因や背景を探ろうと思考することが重要」です。

子どもたちを決めつけるのではなく、日々自分の保育を振り返り、その子どもが発する言葉や行動を受けとめて葛藤しながら子どもと向きあい、子どもの気持ちに寄り添っていく姿勢が保育者には必要なのです。

➡ 7　日本保育学会（編）『保育者を生きる——専門性と養成（保育学講座4）』東京大学出版会、2016年、p. 31。

第4節　子どもに命の大切さを伝える

現在、いじめにあったりいじめたり、そのことによって死を選んでしまうなど、子どもたちにとって悲しいニュースが報道されています。小学校や中学校で命の大切さを伝えることも大切ですが、乳幼児期から子どもたちに日々の保育で命について話していくこと、意識して本物の命に触れる機会をつくっていくことは保育者として重要な役割であると考えます。

「幼稚園教育要領」の「第2章　ねらい及び内容」の「人間関係」における「内容の取扱い」のなかで「(4)道徳性の芽生えを培うに当たっては、（…中略…）自然や身近な動植物に親しむことなどを通して豊かな心情が育つようにすること」と述べられていますが、子どもが人や動植物の命を大切に思う気持ちは、保育者や親との信頼関係が根底にあって初めて育つものです。保育者自身が、自分の身近な人を大切にしているのか、思いやりをもって人と接しているのか、子どもたちはよく見ています。

命には必ず終わりがあること、かけがえのないものであることを保育者として子どもにどのように伝えていくのか考えていく必要があり

ます。保育者は，いまだけではなく将来子どもがどのような大人になるのか，これからの生きる土台となる乳幼児期に子どもたちの未来の姿を想像して関わっていく意識が必要です。

　子どもに命の大切さを伝えることは非常に難しいです。子どもは，絵本や図鑑も興味をもって見ますが，実際に動物に触れて，植物に触れて気づくことが多くあります。

1 「命」とは何か，動物の飼育を通して考える

　保育での取り組みとして，うさぎの誕生から亡くなるまで子どもたちと世話を行いました。そのなかの1つの実際の活動から見えてきた子どもたちの姿があります。

　園で飼っていたうさぎは，走るのが速く小屋から出るとなかなか捕まえられませんでした。ある日，うさぎが自分の毛をむしって破ってあった新聞紙と一緒にベランダの角のところに集め始めました。子どもたちが「何を始めたのかな」と聞いてきました。詳しい先生が「たぶんお腹のなかに赤ちゃんがいるんだよ。自分で巣をつくって産もうとしているんだよ」と子どもたちに話してくれました。

　年長さんのお泊り保育の朝にうさぎが赤ちゃんを産みました。手のひらより小さい初めて見る赤ちゃんにみな「かわいい，ちいさい，毛がないね」とのぞき込んでいました。触ってしまうとお母さんうさぎがあかちゃんを傷つけてしまうということを聞き，しばらくは見守っていました。

　お母さんうさぎと離れることができるようになった頃，そのなかの1羽をクラスで飼うことにしました。子どもたちが話しあってミミちゃんと名前をつけました。

　子どもたちは毎日当番を決めて大切に育てました。動物を触ったことがない子どもも多く，園庭で丸くなってうさぎを子どものひざの上にのせるとビクッとして「あったかい」と生きていることを感じていました。「命とは何か」というのは，子どもにとって難しいものです。絵本や図鑑からは伝わってこない実際の「温かさ」に驚いた表情が忘れられません。

　ミミちゃんもずいぶん大きくなりクラスの子どもたちにとってなくてはならない存在になっていました。朝，気持ちが安定せずに保育室に入ってくることができない子どももミミちゃんに餌をやりしばらく

して落ち着いてから入ってくるようになりました。「今日は水いっぱい飲んだね」「家から持ってきたキャベツをよく食べてくれた」など子ども同士の会話にもよく出てきます。自分たちで餌をあげすぎるといけないことなどを調べて、うさぎを飼う責任も芽生えてきました。

冬の寒い日に子どもたちが、「先生、ミミちゃんが倒れている。動いてない」と慌てて呼びに来ました。私も驚いて見に行くと前足と後足が硬直したまま倒れていました。急いで病院に連れて行くと、寒さからくる病気で足が硬直してしまっているということでした。

お腹もこわしており、このままよくならないかもしれないと言われ、私自身も動揺しました。クラスの子どもたちにありのままを話すと「助けたい」「みんなで元気になるように何とかしよう」という言葉が子どもたちから出ました。心配で泣いている子どももいます。どうしたらよいか話しあい、交替で薬を飲ませることに決めました。このように真剣に話しあって考えている子どもたちを初めて見ました。

温かくしないといけないということでダンボールに毛布を敷き室内に新しい家をつくりました。薬を水にとき、スポイドで飲ませます。ミミちゃんは口をあけずに嫌がっていましたが、「きっと苦いんだよ。少しずつあげよう。きつそうだから無理させないようにしよう」と子どもたちは気遣っていました。そのとき、相手の立場になって考える気持ちが育っていることを感じました。何とかよくなるようにと、子どもたちも一生懸命世話をしていました。

しばらく経ちもうだめかもしれないというときに、ミミちゃんが起き上がりました。子どもたちも毎日世話をして家でも家族に伝えており、保護者も「毎日子どもが心配して家でもお祈りしていますよ」と話してくれました。子どもたちは「ミミちゃんは本当に頑張った」と喜び安心していました。子どもたちにそのときのことを聞いてみると「諦めなくてよかった」や「命にかわりはない」と話してくれました。ひとつの命がいかに重く、生き続けることが当たり前ではないことを感じていました。「命って何かな？」という問いかけに最初答えられなかった子どもたちも、うさぎを育てることで、命はかけがえのないものであると感じていました。

中学生や高校生になった子どもたちから「いまでも家でうさぎを飼っています」「ミミちゃんのこと覚えています」と絵入りで便りがくると、幼いときの経験はずっと心に残ると実感しました。

「命って何だろう？」と話していた子どもが「命ってあったかいね」

と体で感じ，本物の命に触れ，幼児期に育てることの喜びや責任の重さを経験したことは，貴重な体験だと思います。

園で動物を飼うことができない場合は，花や野菜でもよいと思います。育てることで見えてくる子どもの姿，子ども同士の関わり，クラスでの気づきがあります。保育者として保育のなかで毎日少しでも命について触れて話していくことや，子どもたち自身が経験する機会を設けることが大切です。

保育者として，子どもと動植物を育てるにあたって，子どもの心が育つことを願い，日々の子どものようすを記録にとり，活動から見えてくる一人ひとりの変化を見ていく必要があります。またクラスの成長にもつなげていくことができると思います。

その際，必ず子どもたちと話しあって決めていき，ありのままを伝えることも必要です。保育者が感じている思いを素直に表しながら，幼児とともに考えていく姿勢が大切です。子どもたち自身が自分たちで責任をもつこと，考えること，感じる機会を設け，いま何を子どもたちに伝え，どのように関わっていくべきか意識して保育をすることが重要なのです。

幼児期だからこそ敏感に感じることができます。命に触れることで，自分の命はかけがえのないものであり，同時に友だちの命も同じように大切であることに気づいていってほしいと思います。

➡8 文部科学省『幼稚園における道徳性の芽生えを培うための事例集』ひかりのくに，2001年，p. 120。

2　ワークを通して，命の大切さの伝え方を考える

〈ワーク4〉

冬のある日，園長先生から「先生のクラスの子どもたちが低い木の枝をたくさん折って遊んでいるよ」と教えていただきました。子どもたちに木の枝を折っていた理由を聞いてみると「先生，葉っぱがついてないから大丈夫だよ」と話してくれました。木に葉がついていないのでその木は枯れていると思っていたようです。

みなさんが担任ならば子どもたちにどのように伝え関わっていきますか。

冬になるとどんぐりやもみじなどが土の上にたくさん落ちています。子どもたちもそれを使って遊ぶことが大好きです。しかし私は，この出来事を通して冬の間に葉がすべて落ちてしまった木に自分自身がまったく目を向けていなかったことに気づきました。子どもたちは葉が

1枚もついていないことから木は枯れていると思っていました。枯れているから折っても痛くないと感じていたことは自然なことだったかもしれません。
　子どもたちにどのように伝えるのか悩みました。
　一緒にその木を見に行き「みんな木は死んでいると言ってたけれど，折った枝を見て？」と伝えると子どもは「何かついてる。ぽこっとした小さいのがあるよ」と小さい芽を見つけました。
　私が，「暖かくなって春になったら，ここから葉が出てくるんだよ。木は冬の寒い間に栄養をためて，春になってまた葉が出るようにじっと頑張っているんだよ」と伝えると，「すごい。葉っぱがないから木は枯れていると思ってたけど，生きているんだね」と思い思いに話してくれました。たくさん折ってしまった枝を初めは，「テープでとめればいい」と言っていた子どもも「一度折れてしまったものは元に戻らないんだよ。みんなの体と同じなんだよ」と伝えると，自分たちでたくさん折った枝を見て，「芽の赤ちゃんがいっぱいついてたんだね。かわいそう」と話してくれました。そして，「ごめんね」と言いながら折った枝を集めていました。
　小さい木も私たちと同じように生きていることを伝える機会になりました。季節により自然や人間の生活に変化のあることに気づくように，保育者もいろいろなものに目を向けて子どもたちに伝えていくことが必要であると思います。

第7章

共生の時代の保育者をめざして

第1節 子育て支援の現状と課題

1 子育て支援とは

　子育て家庭や子どもの育ちに関する環境は，核家族化の進展や，兄弟姉妹数の減少，共働き家庭の増加，地域とのつながりの希薄化等，変化しており，子育てに不安や孤独を感じている保護者は少なくありません。そのような時代のなかで，子どものよりよい育ちを実現するために，それぞれの状況に応じた子育てへの支援が行われています。

　内閣府が2014年に告示した子ども・子育て支援法に基づく基本指針[1]によると「子ども・子育て支援とは，保護者の育児を肩代わりするものではなく，保護者が子育てについての責任を果たすことや，子育ての権利を享受することが可能となるよう，地域や社会が保護者に寄り添い，子育てに対する負担や不安，孤立感を和らげることを通じて，保護者が自己肯定感を持ちながら子どもと向き合える環境を整え，親としての成長を支援し，子育てや子どもの成長に喜びや生きがいを感じることができるような支援をしていくことである」と示されています。

　「保育所保育指針」（2008年）では，「第6章　保護者に対する支援」として，「1　保育所における保護者に対する支援の基本」が表7-1のように明示されています。

　保育所保育指針では，これに続いて「2　保育所に入所している子どもの保護者に対する支援」，「3　地域における子育て支援」を明示しており，保育所がその特性を生かして積極的に子育て支援に取り組むことを求めています。

　以上からも子育て支援とは，子どもの最善の利益を考慮し，子どもが健康・安全で情緒の安定した生活のなかで，心身ともに健全に育っていけるようにするために，子育てを行っている保護者に寄り添い，社会全体で支えていく活動や仕組みであるということになるでしょう。

---

[1] 内閣府が2014年に告示した「教育・保育及び地域子ども・子育て支援事業の提供体制の整備並びに子ども・子育て支援給付及び地域子ども・子育て支援事業の円滑な実施を確保するための基本的な指針」のこと。

第7章　共生の時代の保育者をめざして

表7-1　保育所における保護者に対する支援の基本

(1) 子どもの最善の利益を考慮し，子どもの福祉を重視すること。
(2) 保護者とともに，子どもの成長の喜びを共有すること。
(3) 保育に関する知識や技術などの保育士の専門性や，子どもの集団が常に存在する環境など，保育所の特性を生かすこと。
(4) 一人一人の保護者の状況を踏まえ，子どもと保護者の安定した関係に配慮して，保護者の養育力の向上に資するよう，適切に支援すること。
(5) 子育て等に関する相談や助言に当たっては，保護者の気持ちを受け止め，相互の信頼関係を基本に，保護者一人一人の自己決定を尊重すること。
(6) 子どもの利益に反しない限りにおいて，保護者や子どものプライバシーの保護，知り得た事柄の秘密保持に留意すること。
(7) 地域の子育て支援に関する資源を積極的に活用するとともに，子育て支援に関する地域の関係機関，団体等との連携及び協力を図ること。

出所：厚生労働省「保育所保育指針」2008年。

2　日本の子育て支援政策

　近年の日本の子育て支援政策について，図7-1を参照しながら見ていきましょう。
　1990年の「1.57ショック」を契機に，政府は，出生率の低下と子どもの数が減少傾向にあることを問題として認識し，仕事と子育ての両立支援など子どもを生み育てやすい環境づくりに向けての対策の検討を始めました。1994年には，今後10年間に取り組むべき基本的方向と重点施策を定めた「今後の子育て支援のための施策の基本的方向について」（エンゼルプラン）が策定されました。その後，エンゼルプランの見直しのために，1999年に「少子化対策推進基本方針」と，この方針に基づく重点施策の具体的実施計画として「重点的に推進すべき少子化対策の具体的実施計画について」（新エンゼルプラン）が策定されています。2003年には，家庭や地域の子育て力の低下に対処して，次世代を担う子どもを育成する家庭を社会全体で支援する観点から，「次世代育成支援対策推進法」が制定されました。
　こうした対策が講じられているにもかかわらず，2005年，我が国が1899年に人口動態の統計をとり始めて以来初めて，出生数が死亡数を下回り，出生数は106万人，合計特殊出生率は1.26と，いずれも過去最低を記録しました。予想以上の少子化の進行に対処し，少子化対策の抜本的な拡充，強化，転換を図るため，2006年，少子化社会対策会議において「新しい少子化対策について」が決定されました。少子高齢化についての一層厳しい見通しや議論を踏まえて，働き方の見直しによる仕事と生活の調和の実現については，2007年，「仕事と生活の

▶2　1.57ショック
前年1989年の合計特殊出生率が，「ひのえうま」という特殊要因により過去最低であった1966年の合計特殊出生率1.58を下回ったことが判明したときの衝撃を指している。

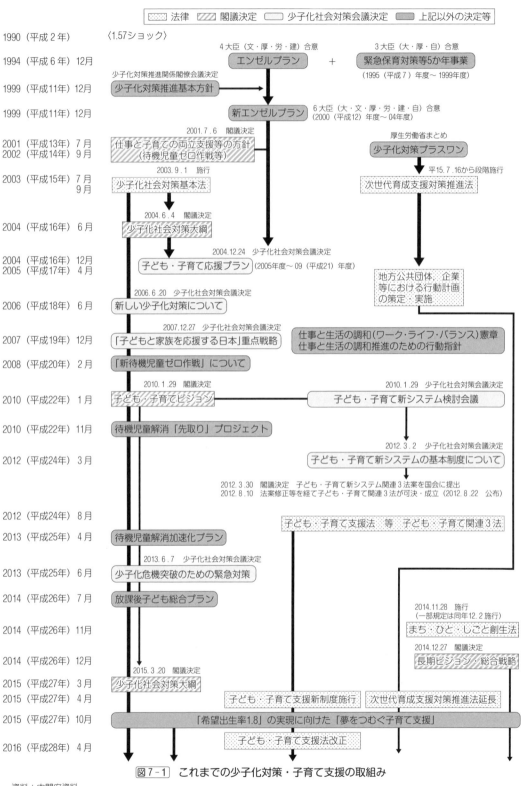

図7-1 これまでの少子化対策・子育て支援の取組み

資料：内閣府資料。
出所：内閣府『平成28年度 少子化社会対策白書』日経印刷, 2016年, p. 39。

調和（ワーク・ライフ・バランス）憲章」及び「仕事と生活の調和推進のための行動指針」が決定されました。2010年には，少子化社会対策大綱（「子ども・子育てビジョン」）の閣議決定に合わせて，少子化社会対策会議の下に，「子ども・子育て新システム検討会議」が発足し，新たな子育て支援の制度について検討を進め，2012年には，「子ども・子育て新システムの基本制度について」を少子化社会対策会議において決定し，同年8月に子ども・子育て関連3法が成立し，2015年より「子ども・子育て支援新制度」が施行されることになりました。

また，都市部を中心に深刻な問題となっていた待機児童の解消の取組みを加速化させるため，2015年からの「子ども・子育て支援新制度」の施行を待たずに，2013年4月，新たに「待機児童解消加速化プラン」を策定しました。同年6月には，少子化社会対策会議において「少子化危機突破のための緊急対策」を決定しました。緊急対策では，これまで少子化対策として取り組んできた「子育て支援」及び「働き方改革」をより一層強化するとともに，「結婚・妊娠・出産支援」を新たな対策の柱として打ち出すことにより，これらを「3本の矢」として，結婚・妊娠・出産・育児の「切れ目ない支援」の総合的な政策の充実・強化をめざすこととしました。

そして，2015年には，新制度が施行され，地域の子育て支援のさらなる拡充が図られています。

3 諸外国の子育て支援政策

諸外国には，どのような子育て支援があるのか見てみましょう。海外の子育て支援には，保護者の参加を促進する取組みが多く見られます。[3]

ニュージーランドのプレイセンター[4]では，施設にいる時間だけ子どもによい環境を与えても，保護者がよい教育者にならなければ，子どもが家に帰れば外で受けた教育が台無しになってしまうとして，保護者が先生役を経験し，運営を行うこともあります。また，ソーシャルキャピタル（社会関係資本）[5]の蓄積として，親同士や地域の人々とのつながりを強め，なるべくお金をかけずに近隣の親同士の関係性も深めることができ，その効果が注目されています。

スウェーデンでは，保護者が組合をつくり，保育士を雇う民間保育所があります。もともとは待機児童対策の一環で，公務員を雇うとお

▶3　池本美香「諸外国の子育て支援のどこに学ぶか」『法律文化』第267号，2006年。

▶4　プレイセンター　子どもの自発的な遊びを通じて教育を行うニュージーランドの施設のこと。

▶5　ソーシャルキャピタル　人々の協調行動を活発にすることによって，社会の効率性を高めることのできる，「信頼」「規範」「ネットワーク」といった社会組織の特徴（アメリカの政治学者，ロバート・パットナムの定義）のこと。

金がかかるので保護者に運営を任せるというねらいでした。しかし，始めてみると保護者同士が親密になり，保護者も自分たちの考えを保育に反映できるということで満足度も高くなりました。また，子育て施設で，利用者に確認しながら改善していくために，保育者と保護者が率直に意見を出しあい，相談して物事を決めていく等，オープンにきめ細かく話しあうという体制も見られました。

イギリスでは，1997年から，子どもの教育の質的向上と保護者の学びやネットワークづくりをねらった「アーリー・エクセレンス・センター[6]」という総合的施設を増やしていきました。基本的には子どもの教育施設ですが，保護者が学べるコースを設け，職業訓練やヨガなどのレクリエーションを行ったり，カウンセリングのサービスも提供したりしています。地域のコミュニティの拠点でもあり，子どもがいない人も立ち寄って子どもと触れあうことができる，地域の子育ての質が高まるような施設です。

諸外国の子育て支援政策の特色として見られるのは，①資金や場所を提供するだけでなく，保護者の参加や教育を促進している，②保護者同士のつながりができるようなプログラムを設定している，③地域住民も，子どもがいなくても施設を利用することができる，④保育者と保護者が子どものために対等に話しあってプランを練る，という点ではないでしょうか。

4 子育て支援の課題

これまでの日本の子育て支援事業は，それぞれの時期に生じた課題に対処していくという対症療法的対応がなされ，「理念なき支援」と言われることもありました。諸外国の事例にあったように，手間がかかっても対象者の意見を取り入れながらオープンに事業を決め，確認しながら改善していくという方法が大切で，未来が描けるような地に足をつけたストーリー性が必要なのではないでしょうか。そのためには，利用者も事業者側にお任せではなく，一緒に学んでいくことが大切で，反対に事業者や保育者は，利用者がそのような前向きな気持ちになれるような雰囲気やプログラムを用意することが重要になるでしょう。

[6] アーリー・エクセレンス・センター（EEC）1997年当時，教育雇用省の管轄であったナーサリー・スクールと，保健省の管轄であったデイ・ケアを統合した施設。

第2節 地域とつながる子育て支援

1 子育てにおける地域連携の必要性

　子育てでは，保護者が家庭のなかだけではなく，地域のなかで，保護者同士や地域の人々とのつながりをもち，地域社会に参加していこうという意識をもつことが大切です。もちろんそれは，一方通行の状態ではなく，地域の人々も子育て中の保護者へ目を向け，声をかけることが重要です。家庭，地域，施設等が連携して子どもの生活の場となるよう，地域のなかで双方向的コミュニケーションをもって，子どもを育むことが必要となるわけです。

　とりわけ，保育所や幼稚園，認定こども園等には，地域における子ども・子育て支援の中核的な役割を担うことが期待されています。施設内で行う行事に地域の人々を招待したり，参加してもらうことで関わりをもち，子どもたちの成長の様子を一緒に喜んでもらったり，同じ時間を共有する楽しみをもってもらうことも大切です。地域及び社会全体が，子育て中の保護者の気持ちを受けとめ，寄り添い，支えることを通じて，保護者が子育てに対して，不安や負担ではなく喜びや生きがいを感じることができることが望まれています。

2 地域子ども・子育て支援事業とは

　前述したように，2015年より子ども・子育て支援新制度が施行され，幼児教育・保育制度の改善とともに，地域の子育て支援の充実が図られています。それぞれの地域の実情に応じて，市町村が子ども・子育て支援事業計画を策定し，またそれを実施することとされています。地域子ども・子育て支援事業には，①利用者支援事業，②地域子育て支援拠点事業，③妊婦健康診査，④乳児家庭全戸訪問事業，⑤養育支援訪問事業／子どもを守る地域ネットワーク機能強化事業，⑥子育て短期支援事業，⑦ファミリー・サポート・センター事業（子育て援助活動支援事業），⑧一時預かり事業，⑨延長保育事業，⑩病児保育事業，⑪放課後児童クラブ（放課後児童健全育成事業），⑫実費徴収に係る補

表7-2　地域子ども・子育て支援事業の例

●利用者支援事業
　子ども及びその保護者等の身近な場所で，教育・保育・保健その他の子育て支援の情報提供及び必要に応じ相談・助言等を行うとともに，関係機関との連絡調整等を実施する事業
●地域子育て支援拠点事業
　乳幼児及びその保護者が相互の交流を行う場を提供し，子育てについての相談，情報の提供，助言その他の援助を行う事業
●妊婦健康診査
　妊婦の健康の保持及び増進を図るため，妊婦に対する健康診査として，①健康状態の把握，②検査計測，③保健指導を実施するとともに，妊娠期間中の適時に必要に応じた医学的検査を実施する事業
●乳児家庭全戸訪問事業
　生後4か月までの乳児のいるすべての家庭を訪問し，子育て支援に関する情報提供や養育環境等の把握を行う事業
●養育支援訪問事業
　養育支援が特に必要な家庭に対して，その居宅を訪問し，養育に関する指導・助言等を行うことにより，当該家庭の適切な養育の実施を確保する事業
●子育て短期支援事業
　保護者の疾病等の理由により家庭において養育を受けることが一時的に困難となった児童について，児童養護施設等に入所させ，必要な保護を行う事業（短期入所生活援助事業〔ショートステイ事業〕及び夜間養護等事業〔トワイライトステイ事業〕）
●子育て援助活動支援事業（ファミリー・サポート・センター事業）
　乳幼児や小学生等の児童を有する子育て中の保護者を会員として，児童の預かり等の援助を受けることを希望する者と当該援助を行うことを希望する者との相互援助活動に関する連絡，調整を行う事業
●一時預かり事業
　家庭において保育を受けることが一時的に困難となった乳幼児について，主として昼間において，認定こども園，幼稚園，保育所，地域子育て支援拠点その他の場所において，一時的に預かり，必要な保護を行う事業
●延長保育事業
　保育認定を受けた子どもについて，通常の利用日及び利用時間以外の日及び時間において，認定こども園，保育所等において保育を実施する事業

出所：内閣府「地域子ども・子育て支援事業について」2015年，pp. 2-3より一部改変。

足給付を行う事業，⑬多様な事業者の参入促進・能力活用事業の13事業があります。
　ここでは，このうちいくつか取り上げて表7-2に各事業内容を紹介します。
　保育者も，このような事業があるということを理解し，必要に応じて保護者にも情報提供をするなどして，地域の子育て支援と保護者・子どもをつないでいくことも大切な役割といえるでしょう。園や家庭のみで子育ての問題を抱えるのではなく，社会全体で子育てをしていくという視点をもちながら保育にあたることも保育者には求められます。

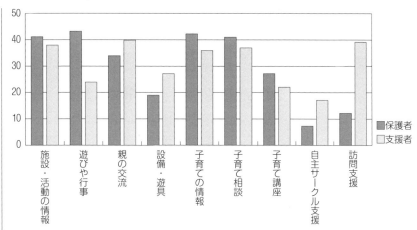

図7-2 子育て支援センターへの利用ニーズ（保護者と支援者の比較）
出所：日本保育協会『みんなでつながる子育て支援——地域における子育て支援に関する調査研究報告書』2011年, p. 140。

3　地域における子育て支援の課題

　地域における子育て支援の課題について，地域子育て支援拠点事業による子育て支援センターを利用している保護者と支援者へのアンケート調査から，見てみましょう。

　利用者のニーズに関して，保護者と支援者の比較（図7-2）を見ると，支援者は「親の交流」や「訪問支援」が必要であると考えているのに対して，保護者は「（親子で楽しむ）遊びや行事」「子育ての情報」を必要としていることがわかります。保護者ニーズと支援者が考えるニーズの差が大きい項目としては，「（親子で楽しむ）遊びや行事」を保護者は必要としていますが支援者は少なく，反対に，「訪問支援」について支援者は必要としていますが，保護者ニーズとしては少ないということがわかります。また，次に差が見られる「（施設の）設備・遊具」「自主サークル支援」についても，支援者が思うほど保護者ニーズは多くないようです。

　ここからわかるように，地域における子育て支援の課題としては，支援者と保護者の意識には違いがあるため，保護者の気持ちを汲み取りながらも，専門家として考える必要な支援を行っていく必要があるということです。また，この図では明らかになっていませんが，調査の別項目では，ひとり親家庭，子育てに課題を抱える家庭，生活困窮家庭ほど，地域や行政とつながりにくいという傾向もあるため，その

→7　日本保育協会「子育て支援の実態と課題」『みんなでつながる子育て支援——地域における子育て支援に関する調査研究報告書』2011年。

ような家庭が社会的に孤立してしまうことがないよう、支援者側がアプローチしていく必要があります。

第3節 家庭的保育者との連携

1 地域型保育事業について

2012年に成立した子ども・子育て関連3法において、保育所、幼稚園、認定こども園の3つの施設類型のほかの、0〜2歳児の保育の受け皿として、家庭的保育事業、小規模保育事業、居宅訪問型保育事業、及び事業所内保育事業の4事業が地域型保育給付の対象とされました（表7-3）。これらの4事業は、大都市部の待機児童対策、児童人口減少地域の保育基盤維持等、地域における多様な保育ニーズにきめ細かく対応し、表7-3にあるようにさまざまな主体が多様なスペースを活用して、乳幼児の健やかな成長を支援するものであり、市町村が認可した質の高い保育を提供するものです。

ここでは、特に、待機児童対策や人口減少地域での保育需要、子ども一人ひとりへのきめ細やかな対応が期待されている家庭的保育事業について、厚生労働省からの市町村への通知を参考に、詳しく説明していきます。

[8] 厚生労働省「家庭的保育事業等の設備及び運営に関する基準の運用上の取扱いについて（通知）」2014年。

2 家庭的保育事業とは

家庭的保育事業とは、市町村が認可した家庭的保育者が、自宅の居室などを保育室として使い、仕事や病気などの理由により日常的に家庭で保育できない保護者に代わって、子どもを預かる制度です。少人数の子どもたちを保育し、家庭的な雰囲気のなかで保育ができること、一人ひとりの発育、興味に合わせてきめ細かな保育ができるという特色があります。家庭的保育事業を行う場所には、家庭的保育者、嘱託医、及び調理員を置かなければなりません。ただし、調理業務の全部を委託する場合、搬入施設から食事を搬入する場合のいずれかに該当する場合には、調理員を置かないことができます。

家庭的保育事業における保育時間は、1日8時間を原則として、乳

表7-3 地域型保育事業の特徴

保育所・小規模保育事業の主な認可基準

		保育所	小規模保育事業		
			A型	B型	C型
職員	職員数	0歳児3：1 1・2歳児6：1	保育所の配置基準＋1名	保育所の配置基準＋1名	0～2歳児3：1 (補助者を置く場合，5：2)
	資格	保育士 ※保健師又は看護師等の特例有（1人まで）。	保育士 ※保育所と同様，保健師又は看護師等の特例を設ける。	1／2以上保育士 ※保育所と同様，保健師又は看護師等の特例を設ける。 ※保育士以外には研修実施。	家庭的保育者 ※市町村長が行う研修を修了した保育士，保育士と同等以上の知識及び経験を有すると市町村長が認める者。
設備・面積	保育室等	0歳・1歳 乳児室　1人当たり1.65m² ほふく室　1人当たり3.3m² 2歳以上 保育室等　1人当たり1.98m²	0歳・1歳児　1人当たり3.3m² 2歳児　1人当たり1.98m²	0歳・1歳児　1人当たり3.3m² 2歳児　1人当たり1.98m²	0～2歳児 いずれも1人当たり3.3m²
処遇等	給食	自園調理 ※公立は外部搬入可（特区） 　調理室 　調理員	自園調理 （連携施設等からの搬入可） 　調理設備 　調理員	自園調理 （連携施設等からの搬入可） 　調理設備 　調理員	自園調理 （連携施設等からの搬入可） 　調理設備 　調理員

※小規模保育事業については，小規模かつ0～2歳児までの事業であることから，保育内容の支援及び卒園後の受け皿の役割を担う連携施設の設定を求める。
※連携施設や保育従事者の確保等が期待できない離島・へき地に関しては，連携施設等について，特例措置を設ける。
※給食，連携施設の確保に関しては，移行に当たっての経過措置を設ける。
※保健師又は看護師に係る職員資格の特例については，地方分権に関する政府方針を踏まえ，2015年4月1日から准看護師についても対象とされている。

家庭的保育事業等の主な認可基準

		家庭的保育事業	事業所内保育事業	居宅訪問型保育事業
職員	職員数	0～2歳児3：1 家庭的保育補助者を置く場合5：2	定員20名以上 保育所の基準と同様	0～2歳児1：1
	資格	家庭的保育者 （＋家庭的保育補助者） ＊市町村長が行う研修を修了した保育士，保育士と同等以上の知識及び経験を有すると市町村長が認める者	定員19名以下 小規模保育事業A型，B型の基準と同様	必要な研修を修了し，保育士，保育士と同等以上の知識及び経験を有すると市町村長が認める者
設備・面積	保育室等	0歳～2歳児　1人当たり3.3m²		―
処遇等	給食	自園調理 （連携施設等からの搬入可） 　調理設備 　調理員 （3名以下の場合，家庭的保育補助者を置き，調理を担当すること可）	自園調理 （連携施設等からの搬入可） 　調理設備 　調理員	

※家庭的保育事業，事業所内保育事業については，小規模かつ0～2歳児までの事業であることから，保育内容の支援及び卒園後の受け皿の役割を担う連携施設の設定を求める（事業所内の卒園後の受け皿に関しては，地域枠の子どものみ対象）。
※連携施設や保育従事者の確保等が期待できない離島・へき地に関しては，連携施設等について，特例措置を設ける。
※給食，連携施設の確保に関しては，移行に当たっての経過措置を設ける。

出所：内閣府「子ども・子育て支援新制度について（平成28年11月改訂版）」2016年，pp. 37-38より作成。

幼児の保護者の労働時間その他家庭の状況等を考慮して，家庭的保育事業者が定めるものとしています。[9]

→9 家庭的保育事業は，市区町村によって実施される事業であるため，市区町村により実施基準が定められている。

3 家庭的保育者とは

保育事業を行う家庭的保育者とは，市町村長が行う研修を修了した保育士，または保育士と同等以上の知識及び経験を有すると市町村長が認める者です。家庭的保育者1人が保育することができる乳幼児の数は，3人以下としています。ただし，家庭的保育者が，家庭的保育補助者（市町村長が行う研修を修了した者）とともに保育する場合には，5人以下とします。

特定の保育者が少人数の子どもを家庭的環境で保育することになるので，保育者個人の資質や人間性の影響が大きいということもありますが，子どもと保育者間，保育者と保護者間に密接な関係を築きやすく，柔軟な対応も可能であるとしています。

4 家庭的保育事業の課題

もともと家庭的保育事業は，産休明け保育や保育所不足を補うために，地方公共団体が独自に実施してきたもので，2000年に国庫補助事業となりました。2010年には，児童福祉法に位置づけられた保育事業として，指定保育所と連携したバックアップやベテラン保育士の助言などが受けられる体制が整えられ，2015年度より実施された子ども・子育て支援新制度では，保育施設を新たに設立する場所のない都市部や，子どもが減少している地域で重視される地域型保育の1つに指定されるなどの運用の見直しが行われました。

そのように利便性が高められているにもかかわらず，家庭的保育が行われている地域が限定されていることもあり，認知度の低さが感じられます。特定の家庭的保育者による保育を実施していることから，資質の差も見られるため，研修等による保育の質の確保が必要でしょうし，1人でさまざまな役割を担っているため，その業務内容に対応できる研修も必要となっています。

また，これまでは待機児童対策と位置づけられてきていましたが，家庭的保育が通常保育の選択肢の1つとなっていくように家庭的保育の良さを周知していくことも必要でしょう。

第4節 専門機関との連携

1 専門機関との連携の必要性

　保育所，幼稚園，認定こども園等（以下，保育所等とする）には，病弱な子ども，集団に馴染みにくい子ども，障害のある子ども，虐待が疑われる子どもなど，さまざまな背景をもつ子どもが存在します。なかには，家庭環境が複雑な子どもや保護者自身に支援を要することもあり，対応に難しさを覚えることも少なくありません。そのように，保育所・幼稚園等における支援だけで解決が難しい場合は，子どもの最善の利益を考慮し，地域の病院や保健センター，児童相談所などの専門機関と連携をとりながら保育を行うことが求められます（図7-3）。

　「保育所保育指針」の第4章の1の(3)の「ウ　障害のある子どもの保育」には，「(エ)専門機関との連携を図り，必要に応じて助言等を得ること」や，第5章の「4　健康及び安全の実施体制等」には，「(4)市町村の支援の下に，地域の専門機関等との日常的な連携を図り，必要な協力が得られるよう努めること」と記されています。また，「幼稚園教育要領」の第3章の第1の「2　特に留意する事項」には，「(2)障害のある幼児の指導に当たっては，集団の中で生活することを通して全体的な発達を促していくことに配慮し，特別支援学校などの助言又は援助を活用しつつ，例えば指導についての計画又は家庭や医療，福祉などの業務を行う専門機関と連携した支援のための計画を個別に作成することなどにより，個々の幼児の障害の状態などに応じた指導内容や指導方法の工夫を計画的，組織的に行うこと」と示されています。

　したがって，保育者は，地域にどのような専門機関があるのかを把握し，必要な場合にはスムーズな連携が図れるよう，日頃から体制づくりを心がけておきましょう。

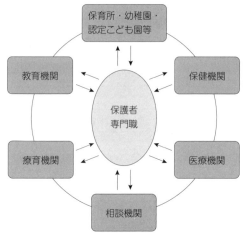

図7-3 専門機関との連携
出所：筆者作成。

2 専門機関の種類

①保健機関
〈保健所，保健センター〉

　保健所は，広域的・専門的なサービスを実施し，都道府県，政令指定都市，中核都市などに設置されており，保健センターは，市町村に設置され，住民に身近な保健サービスが実施されています。保健所等が実施する主な業務として，乳幼児健診，保護者等への保健指導，保育所等や医療・療育機関と連携しての子育て支援等があります。乳幼児健診や保健指導等で得られる子どもの健康状態や発育・発達状態に関する情報は，保育現場において有効です。近年では，健診や訪問事業などにおいて気になる子どもと保護者を保健所の親子教室に誘ったり，療育機関や保育所につなげたりするケースが増えています。こうして切れ目のない継続的な子育て支援が望まれています。

②医療機関
〈病院，診療所〉

　医師または歯科医師が医業または歯科医業を行う病院や診療所などで，疾病や障害の診断・治療などの医療を提供する施設です。保育所等は，嘱託医による健康診断と歯科医による歯科健診の実施が義務づけられています。嘱託医や歯科医と密接に連携し，保育現場で発生した疾病や傷害の発生時における具体的な対応や助言を得るとともに，

感染症の流行などについても日頃から情報交換を行っておくことが必要です。

③相談機関

〈児童相談所〉

児童相談所は，都道府県，指定都市及び児童相談所設置市に設置される行政機関です。市町村と適切な役割分担・連携を図りつつ，子どもに関する家庭その他からの相談に応じ，子どもが有する問題や子どもの置かれた環境の状況等を的確に捉え，個々の子どもや家庭にもっとも効果的な援助を行い，子どもの福祉を図るとともに，その権利を擁護することを主たる目的としています。

保育現場において，不適切な養育や虐待等の疑いがある子どもや気になる子どもを発見したときは，速やかに市町村の関係部門や必要に応じて児童相談所に連絡し，早期に子どもの保護や保護者への対応にあたることが必要です。

〈児童家庭支援センター〉

児童虐待や不登校，発達障害児等に対するケアなど，地域の児童福祉に関する各般の問題につき，児童に関する家庭その他からの相談のうち，専門的な知識及び技術を必要とするものに応じ，必要な助言を行う児童福祉施設に附置された相談援助事業を展開する施設です。

〈発達障害者支援センター〉

発達障害児（者）への支援を総合的に行うことを目的とした専門的機関です。都道府県・指定都市自ら，または，都道府県知事等が指定した社会福祉法人，特定非営利活動法人等が運営しています。発達障害児（者）とその家族が豊かな地域生活を送れるように，保健，医療，福祉，教育，労働などの関係機関と連携し，地域における総合的な支援ネットワークを構築しながら，発達障害児（者）とその家族からのさまざまな相談に応じ，指導と助言を行っています。

④療育機関

〈児童発達支援センター，児童発達支援事業所〉

通所利用障害児への療育やその家族に対する支援を行います。それに加え，児童発達支援センターは，その専門機能を活かし，地域の障害児やその家族の相談支援，障害児を預かる施設への援助・助言を行う地域の中核的な支援施設です。

福祉サービスを行う「福祉型」と，福祉サービスに併せて治療を行う「医療型」があります。

また，保育所等を訪問し，障害児に対して，障害児以外の児童との集団生活への適応のための専門的な支援などを行う「保育所等訪問支援事業」も行っています。保育所等訪問支援では，訪問先施設の理解と協力が不可欠であり，該当する障害児の状況の把握や支援方法等について，訪問先施設と保育所等訪問支援事業所，保護者との間で情報共有するとともに，十分調整したうえで，必要な対応がなされるよう配慮をお願いしています。

〈放課後等デイサービス事業所〉

　授業の終了後または休校日に，児童発達支援センター等の施設に通わせ，生活能力向上のための必要な訓練，社会との交流促進などの支援を行います。

〈障害児入所施設（福祉型入所施設・医療型入所施設）〉

　この施設には，福祉型入所施設と医療型入所施設があり，いずれも施設に入所している障害児に対して，保護，日常生活の指導及び知識技能の付与を行います。加えて，医療型入所施設では，施設に入所または指定医療機関に入院している障害児に対して治療を行います。

⑤**教育機関**

〈小学校〉

　現行の幼稚園教育要領や保育所保育指針，幼保連携型認定こども園教育・保育要領，小学校学習指導要領において，保育所等から小学校への接続を円滑にするために，保育所等と小学校が互いに子ども同士の交流の機会や，職員の意見交換・合同研究の機会を設けるなど積極的な連携を図るよう明記されています。

　また，子どもの就学に際し，子どもの育ちを小学校に伝え，育ちを支えるための資料として「幼稚園幼児指導要録」「保育所児童保育要録」「認定こども園こども要録」「幼保連携型認定こども園園児指導要録」の送付が義務づけられていたり，地域によっては，子どもの育ちを伝える連絡会議が行われたりすることもあります。子どもの発達と学びの連続性の観点から，見通しをもった幼保小連携が求められています。

3　専門機関と連携するにあたって

　保育所等には，さまざまな背景をもつ特別な配慮を要する子どもが存在します。それぞれのニーズに合わせて子どもの生活が保障される

よう，保育者は専門機関と連携をとりながら保育を進めていくことが求められます。その際，具体的には次の点について留意しましょう。

① 目的を共有する

　子どもの最善の利益を保障するために子どもによりよい環境を整え，専門機関が連携をとり，地域で育てるという目的意識をもつことが大切です。そのために子どもを中心とした支援になるよう，子どもにとってよりよい環境を整える方法をそれぞれの機関の支援者とともに考えていきましょう。

② 子どもの情報を共有する

　子どもの発達や家庭の状況が気になる場合，子どもの実態を記録しながら，子どもの成長・発達の状況や障害，疾病，特性，または家庭の状況についての情報を収集し保育にあたることが必要です。また，得られた情報は，他の機関と共有することで，より正しい理解をすることにつながります。その際，外部機関との連携にあたっては，個人情報の取り扱いに留意する必要があり，保護者の了解を得たうえで行うことが前提となります。

③ 地域の専門機関と役割分担をする

　保育所等だけで気になる子どもと家族を支えるには限界があります。保育所等だけで抱え込むのではなく，地域の専門機関に支援を依頼するなど役割分担をしていくことも大切です。そのためには，他の専門機関や専門職がどのような専門性や特性をもっていて，どのようなことが難しく，どこに限界があるのかを把握しておくとよいでしょう。

④ 日頃から関係づくりを心がける

　専門機関との連携には，何か問題が生じたときに関係機関の専門職が集まり協力して支援をする課題解決型の連携と，何か問題が生じる前から専門機関と日常的に情報交換や関係づくりをしておく予防型の連携があります。専門機関との連携は，それぞれの機関がもつ専門性があるがゆえに，問題が生じたときに初めて連携をもつことが多いですが，もっと広い範囲で日頃からその地域で子どもの育ちやそれぞれの家庭がうまく機能していくように支えあう関係づくりができていると，たとえ問題が発生して連携を始める場合でも，連携は進みやすくなります。初めての事例で出会った場合でも，それが次の事例の関係づくりになる可能性があることを意識したいものです。

参考文献

障害児支援の在り方に関する検討会「今後の障害児支援の在り方について（報告書）──『発達支援』が必要な子どもの支援はどうあるべきか」厚生労働省，2014年。

公益財団法人児童育成協会『障害児保育』中央法規出版，2015年。

鈴木昌世『子どもの心によりそう保育者論』福村出版，2012年。

第 8 章

小学校の実践から幼児期における「教育」のあり方を考える

第1節 子どもとの関係づくりの根底にあるもの

1 学校における人間関係の否定的現象

　現在，学校において話題に上っている「学級崩壊」や「校内暴力」という言葉に象徴されている子どもたちの人間関係の否定的現象の根底には，社会全体が直面している人間関係の希薄化という現実があるものと思われます。希薄化している子どもと教師の人間関係を再構築していくためには，子どもと教師の共通した生活の基盤である学校生活を見直し，そのなかから新しい子どもと教師の人間関係づくりの方策を考えていく必要があります。

　人間関係の希薄化の原因については，日本における20世紀の高度経済成長政策で生み出された知識偏重教育のなかでの「経験活動の喪失」や「価値観の画一化」にあるということが，これまで各方面の専門家からも指摘されています。このことを歴史的にみると，戦前における画一的な教育の反省のうえに立って，戦後の一時期においては，かなり自由で多様な教育が試みられたことがありました。こういった流れのなかで，1950年代から1960年代半ばにかけて子どもと教師の人間関係づくりが教育実践の大きな課題となり，それに応える実践として小西健二郎の『学級革命』，東井義雄の『村を育てる学力』，無着成恭の『やまびこ学校』，斎藤喜博の『島小で芽を吹く子ども』等々，全国の教師の教育実践記録が次々に出版され，あるいは映画化され大きな反響を呼びました。当時のこれらの著作は，現在読み返しても子どもと教師の人間関係づくりの基本がしっかりと踏まえられ，教師の子どもに対する情熱と創意が溢れていて，新鮮な感動を呼び起こしてくれます。

　子どもも家庭も地域も当時と現在とでは様相をまったく異にしていますが，そこには子どもと教師の人間関係の原型がしっかり留められているように思います。近年の教育界においても「不易流行」という言葉がよく使われていますが，子どもと教師の人間関係づくりにおいては，時代を越えて脈々と続く人間として基本的に変わらないものがあることを知らされます。子どもと教師の人間関係を取り戻していく

ためには，子どもの年齢や校種を越えて外せない共通した基本的な問題があります。私はそれをこれまでに出会ってきた子どもたちから学んできました。

　学校が本来の機能を回復して，子どもたちと教師の間に真に生き生きとした教育活動が展開されるための条件は，そのまま幼児教育・保育現場の子どもと保育者の関係においても共通しているものです。

2　子どもを人間として受けとめ，認める

　子どもたちは，教師に自分が受け入れられているということを全身の感覚で受けとめることができれば，その教師に対して肯定的な感情をもつようになります。子どもたちは自分を人間として認めてくれる教師に対しては，「声をかけてもらいたい」「認めてもらいたい」「褒めてもらいたい」と必死になって努力するようになります。

　子どもへの受けとめは，子どもの書く日記の読み方にも如実に表れてきます。筆者が以前小学校の教師をしていたとき，1年生のある子どもが日記に次のような短い文章を書きました。

　　きょう　あさおきて　じぶんで　かおをあらって
　　ごはんをたべて　べんじょにいって　ふくをきかえて
　　かばんをせおって　がっこうにいきました。

　この文章に対して私は，「毎日，同じことばかり書かないで少しは違ったことも書いてください」と子どもへの注文を書こうとしていました。しかし，この文章を読んでいるときに，側で一緒にこの日記を見てくれていた先輩の教師に「学校に来るだけでも立派だね」とさり気なく声をかけられました。その通りです。この子を人間として受けとめ認めるという立場でもう一度この日記を読み返してみると，この子の書いている一言ひとことのなかに，この子が一生懸命生きている姿が立ち上がってくるではありませんか。具体的に言えば，「きょうあさおきて」という部分にしても，現在では朝起きることができなくて学校を休んでしまう子どももいるのです。そのなかで，この子はお母さんに起こされることもなく，自分で目覚め，朝起きたのです。

　次には「かおをあらって」と書いています。自分でという言葉は，当然この言葉にもかかっています。私は子どもたちがどれくらい顔を

洗って学校に来ているのかを調査したことがありますが，1年生の4分の1くらいが学校に顔を洗って来ていないという結果を得ました。朝起きて顔を洗っているという子どもたちも，その半数以上はお母さんに「早く顔を洗いなさい」と言われて，顔を洗っているということでした。このようにみてくると，この言葉もまた1年生としてはすばらしい日常生活の様子を表現したものです。朝，顔を洗わないまま学校に来る子どもが多くなって，水泳の時間にシャワーを怖がったり，シャワーで溺れたりする子が増えてきたとも聞きます。もちろんこの子はシャワーの水がどんなに勢いよく顔にかかっても平気です。

　また，「ごはんをたべて」という言葉にしても，現在の子どものなかには朝食をとらないで学校に来る子どもも増えていますから，きちんと朝御飯を食べて学校に来るということは，このうえなく健康であることの現れであると受けとめることもできます。

　さらに，「べんじょにいって　ふくをきかえて」ということも，1年生としては立派なことです。排便をすませないまま学校に来る子どもや「着せ替え人形」と批判されるように自分できちんと服を着替えられない子どもも増えてきているなかで，これら全てを自分でやっているということは，褒められていいことです。

　最後の「がっこうに　いきました」という文も魅力ある表現です。「がっこうへ」ではなく「がっこうに」と書いています。「へ」と「に」のたった1字の違いですが，「に」と書いているこの助詞には「学校に勉強するために」「友だちに会って遊ぶために」あるいは「大好きな体育をするために」という具体的な目的が込められています。「へ」というように方向を示した助詞とは次元を異にしています。

　この子のこの日記に書いていることのすばらしさを朝の会で学級全員の子どもたちに紹介したところ，この子は翌日の日記に1,000字を超す細かな生活の様子を書き綴ってきたのです。子どもたちが書く日記ははじめに書きたいことがあるのではなく，幼児のお話と同じように自分の話を聞いてもらいたい人がいて，書く内容が生まれてくるということを印象深く私に教えてくれました。

3　見つめること

　人間関係をつくるのがきわめて難しい子どもに，目と目が合いにくい，つまり「アイコンタクト」が取りにくい子どもがいます。自閉ス

ペクトラム症といわれる子どもの場合なども特に目と目を合わせることが難しくてできません。しかし，難しいからといって止めてしまっては，永遠に教師と子どもの人間関係はつくれません。目と目が合うことが人間関係をつくることの出発になるのであるならば，やはり教師は子どもを見つめ続けるよりほかありません。

　子どもを見つめることを大切にしていくと，子どもたちは何か教師に伝えたいことがあると「先生，見て，見て」と教師に見つめられることを自分から求めてくるようになります。教師のまなざしが，何よりも子どもの大きな励ましになるからです。問題行動を起こしたり，情緒不安に陥ったりしている子どもに対しても，口でいろいろ指示するよりは，まず，じっと子どもを見つめることのほうが，問題行動がおさまり，情緒が安定するのに効果がある場合が多いのです。

　私の仲間に最重度の心身障害児へのベッドサイド授業をしている教師がいました。彼女は意識があるかどうかわからない子どもにどのような教育をしたらいいのかと悩み続け，ひたすらベッドサイドでこの子を見つめ続けるだけの授業をしていたと言います。ところが3か月くらい経った頃，教師がベッドサイドに来るとこの子の体が教師に向かって微かですが動くようになりました。医師や看護師たちは，この子のこれまでの状態から考えると奇跡が起こったと言ったそうです。見つめ合うということは，人間のもっとも深いところで教師と子どもの人間関係をつくってくれているのかもしれません。

4　子どもたちとの約束

　私が学級を担任していたときの子どもたちの私への通知票のなかで，子どもたちの多くが，私への注意事項として「約束を守ること」と書いていました。教師としての私の振る舞いのなかにどこか子どもたちとの約束事を軽視するようなことがあったに違いありません。しかしこの「約束を守る」ということも，子どもたちとの日々の学校生活のなかで誠実に実行しようとすると簡単なものではありません。何事かを子どもに頼まれて「後で」とごく簡単に答えるのですが，後で子どもたちと約束したことを実行せずに，気づいてみると子どもたちを帰してしまっていたことが数えきれないほどたくさんあったのです。たった1時間の授業のなかですら，手をあげて発言を求める子どもたちに「後で」と言っておきながら，その約束は果たされないままチャイ

ムが鳴ってしまうということもたびたびあります。

　ある学級で教師に対してとても反抗的な態度をとる子がいました。問題行動も多いということで，保護者が教育センターに勤めていた私の所に教育相談に来ました。相談を進め学校のなかでの嫌な思い出について話しあっているとき，この子は学級担任のしたことについてこんなことを話してくれました。

　あるとき，母親に勧められて学校に花を持って行ったと言います。ところがその日は，花を持ってきた人がたくさんいたので，自分の持って行った花は花瓶に挿せなくなってしまい，掃除用のバケツのなかに入れられてしまいました。しかし，先生は明日，他の花と替えてこの子の持ってきた花を花瓶に挿すと約束してくれたと言うのです。ところが，次の日になったら先生はそのことをすっかり忘れて，自分の持って行った花は花瓶に挿してはくれないままバケツに入ったままだったのです。月曜日に持ってきた花は，木曜日にはバケツのなかですっかり萎れてしまいました。すると先生は，その花を無造作にバケツの水と一緒に捨ててしまったというのです。

　担任の教師は，言うことを聞かずに反抗的な態度をとり続けるこの子のことを批判しますが，花瓶に挿してあげるという約束をした花を捨ててしまったことはすっかり忘れています。このことが恐ろしいのは，この担任が特段に問題のある教師ではないということです。誰もが，ちょっと油断をすると，この教師と同じ轍を踏むことになってしまう危険性をもっていることを，この子の話は教えてくれます。そして自らは気づかないまま，いやむしろ自分ではそれなりに教師として一生懸命やっていると思いつつ，子どもたちとの人間関係をつくれないままに，子どもたちの反逆に会い，学級が機能しない状況に落ち込んでしまうのです。

　「約束を守る」ということの大切さは，子どもとの関係に限定されることではありません。誰でもが望ましい人間関係をつくっていくためには，「約束を守る」ということを基盤にした信頼関係がなければなりません。繰り返しになりますが，約束を守るということは，言葉で言えば簡単ですが，実行しようとするとなかなか難しいことです。常に子どもたちに対して尊敬の念をもって向きあっていなければならないし，学校生活のなかでは，緊急性の高いことも起こり得るということを考えれば，約束は引き延ばしにしないで，できるときにその場で実行するということが一番です。1時間1時間，1日1日と約束を

守るということが蓄積されるならば，その努力は子どもたちがもっとも評価してくれるに違いありません。

5 子どもへの傾聴

　子どもたちは，自分の話を聞いてもらうということは自分が受け入れられていることをもっとも強く実感できるようです。ところが，教師は3日すると「しゃべり上手，押しつけ上手」にはなるけれども，何日してもなかなか「聞き上手，受けとめ上手」にはなれないようです。どうしてかと考えてみると，教師という仕事は，はじめに自分なりの価値観があって，それに添って子どもたちを指導するという大きな前提があるということに思い至りました。つまり教師という立場に立つと，教師に都合のいい話が価値のある話であり，受け入れられますが，教師に都合の悪い話は指導し矯正していかなければならないと考えるので，無条件に人の話を聞くことは大変難しい仕事になるのです。私は小学1年生を担任しているとき，子どもたちの声を聞き取ることができずに悲しませていたことがたびたびありました。

　C子さんは他の1年生とはちょっと違った考え方をする学習障害のある優しい女の子でした。学校であった出来事を家に帰るといろいろとお母さんにお話するのが大好きだったようです。それは，お母さんがC子さんの話を楽しそうに一生懸命聞いてあげるからです。

　そのときは，勉強も進んでいって算数でも足し算を学習し始めていました。一通り足し算の意味を学習し学級の子どもたちも簡単な計算ならでき始めたので，その日のまとめに計算問題を5問出して解答を求めたのです。そのまとめのテストのなかに「1＋2＝　」という問題があり，それに対してC子さんは「1」と答えてしまったのです。私はその日は学校の行事も入り忙しかったので，その答えに対して無造作に大きなペケ（✔）をつけてしまいました。C子さんはそれを家に持ち帰りお母さんに見せました。お母さんは私のつけた大きな「✔」を見て，C子さんに対して「先生はいつも『間違いは教室の宝物』と言っているので，これはすごい宝物だよ」と言ったというのです。C子さんはそのお母さんの言葉がうれしかったのか，自分から算数の時間に学習したことを一生懸命話し始めました。そして，なぜ「1」になったかという理由もお母さんに説明したのです。後から聞いたお母さんの話によると，C子さんは次のように説明したといいま

す。

　「1＋2＝　」のはじめの「1」の方は一番の友だちであるトンちゃんのお菓子の数だというのです。後ろの「2」は自分のお菓子の数だといいます。この足し算の式を見ているとトンちゃんがとても可哀想だというのです。そこでC子さんはトンちゃんのお菓子の数と自分のお菓子の数が同じになるように一生懸命考えてあげたのです。そして「1」少ないトンちゃんにもう「1」足してあげると，どちらも「2」になって同じだから，トンちゃんもきっと喜ぶに違いないということで答えを「1」としたというのです。

　C子さんの「1＋2＝1」というその考え方のなかには，このような健気なC子さんの思いが詰まっていたのです。そのC子さんの足し算のやり方はお母さんにはとってもよくわかったので，私のつけていたペケの「✔」を葉っぱに見立て花丸にしてあげたというのです。そのことの一部始終をお母さんは手紙に書いて，C子さんの算数のノートに挟んで持たせてくれたのです。このお母さんがC子さんにしてくれたことは，「学ぶこと」と「生きること」とを見事につなげ，子どもの世界を光に満ちたものに変えてくれたのです。

　なぜこのようなことが実現したのかということを振り返ってみるとき，子どもの出した答えを「間違いは教室の宝物」というように肯定的に受けとめ，その話を受容的に聴いてあげたお母さんのC子さんに対する態度があったからだということを教えられます。お母さんの手紙で反省させられた私は，その日の算数の時間にC子さんのお母さんの手紙を学級の子どもたちにわかりやすいように話しました。話し終わるとすぐにトンちゃんが立ち上がってC子さんにしきりにピースサインを送っていました。しばらくすると別の男の子が手を挙げて「自分も『1＋2＝1』になりました」と言うのです。ここはしっかりこの子の話を聞かなければとその話を聞くと，この子は紐で「1＋2＝　」を考えたというのです。紐だから足す場合にはつないで考えるというのです。なるほど1本と2本をつないでいくと長くはなるけれども確かに1本になります。紐で足し算をすれば「1＋2＝1」になるのです。

　するとまた別の男の子が手を挙げるのです。聴いてみると，この子はコップの水で足し算をしたというのです。つまりコップの水1杯と2杯を足すと量は多くなりますが大きなコップに1杯になるというのです。コップの水で足し算をしても「1＋2＝1」になるのです。

このような話に学級の子どもたちが「なるほど」と深く共感していると，また別の男の子が「ちょっと違うけど」といって手を挙げるのです。その子の説明によりますと「1＋2＝6」というのです。今度は一挙に数が増えたので，またまた学級の子どもたちは驚くのです。この子の説明を聴くと，この子は家が履物屋さんでしたので，スリッパを使って足し算をしたというのです。つまりスリッパ1足と2足を足してスリッパの数を数えると6になります。スリッパを使った足し算では「1＋2＝6」になるというのです。ここでの一つひとつの考え方を算数の基本に引き据えて説明すれば，それぞれに否定していくことはできます。しかし，この場では，初めて学習した足し算の考え方で身近にある事象を数理的に処理しようと子どもたちなりに考えた貴重な結果なのです。子どもたちの説明を聴きながら，それぞれの子どもたちが一生懸命自分の頭で考えているということをつくづく教えられました。私はこれまでこのような子どもたちのすばらしい考え方をどれだけ押しつぶしてきたことだろうと，心底反省させられたことでした。

　言葉というものは，人間の思いのごく一部しか表現できない場合が多いものです。そういえば「言語道断」（言葉は人の道を断つ）という言葉があるくらい，言葉は人間の本質的な思いからかけ離れたものになりやすい一面ももっているのかもしれません。だから一人ひとりの子どもたちの言葉に込められた人間の真実ということを聞き取るためには，ただひたすら受容的に，話している子どもたちに心を傾けて，一心に話を聴かなければならないのではないでしょうか。話している人から出てくる言葉そのものは，ときとして「事柄の端っこ」ということもあり得ます。そういう意味で言葉ということを説明する人もいます。だから声になった言葉よりも話している人の心の方が重要なのです。言葉を通して話している子どもの心の真実を聴きとる（言魂を聴きとる）ことが本当の意味で子どもの話を聴くということになるのです。そのためにも教師は，受容的態度で子どもに心を開いて子どもたちの声を聴くことが大切であるということを教えられます。

第2節 授業記録から明日の教育をつくる
―― 子どもの言葉を育てるための授業の創造

1　1つの「おむすびころりん」との出会い

　筆者が障害のある子どもたちの学級（特別支援学級）の担任をしていたときのことです。物語の筋も登場人物も情景もわからない知的障害のある子どもたちに，文学の授業が成立するのだろうか。私の周りの者はほとんど不可能だと考えていました。ところが，弱視で知的障害のある子どもの盲学校の子どもたちが「おむすびころりん」（光村出版・1年生の国語教科書）のオペレッタを見事に演じているVTR（佐賀県立盲学校山村早苗指導）を大分市内で行われた教授学研究の会で見ることができたのです。あの子どもたちに見られた歌声や語りの深い内容は，どこから出てきたのだろうか。「おむすびころりん」の作品全体に込められた優しさを，そのまま声にしたような子どもたちの歌声。それは，この作品の文学性の高さが，歪められたり薄められたりすることなく一人ひとりのいのちの歌声として表現していたのです。どうして，この子どもたちは，この「おむすびころりん」に込められた文学の世界を，このように見事に表現することができたのでしょうか。この子どもたちは，他に対して自己を表現する力が弱いように見えますが，実は心の深部では質の高い文化を求めているということを教師がしっかりと受けとめていたに違いありません。

　教師が高い願いをもち，作品が優れていれば，その作品は，世俗的な説明を超えて1つの世界をつくってくれます。そして，その世界のなかで，子どもたちは，これまでに見せたことのないような自己の表現と可能性を見せてくれるのです。障害児とか健常児とかいう枠を越えた教育の可能性がそこにあります。それをこの子どもたちの表現は物語っているように思えました。この表現と出会ってから，私がこれからつくりだしていかなければならない知的障害の子どもたちとの授業の輪郭が少しずつ見えてきました。

2 「おおきなかぶ」をどう読むか
――リズムは思想を表現する

①言葉のリズム

　私の学級の子どもたちは，何かしてもらいたいことがあるとき，その要求を言葉にして伝えることのできる子が2人いるだけで，他の5人は自分の要求すら，言葉にすることができず，泣いたり，叫んだり，ときには衣服の裾を引っ張ったりして訴えるだけです。ですから，言葉によって1つの内容を伝えようということはきわめて難しいのです。反面，流れやリズムのある言葉には，感覚的に反応するようなところがあります。出席をとるときなど，機械的に名前を呼んだのでは返事をしませんが，「今日も元気かな」というように弾みをつけて名前を呼ぶと不思議に返事が返ってくるのです。言葉というのは，それ自体が内的なリズムをもったとき，知的な意味を超えて本質的なものを伝達する力をもっているのかもしれません。私の学級の子どもたちに，もし受け入れられる作品があるとすれば，それは，一つひとつの言葉が，強い内的なリズムによって支えられており，言葉と言葉をつなぐ流れのなかに，生きた人間のいのちのリズムが通っていなければなりません。

②「おおきなかぶ」の解釈

　私は，それらの条件を満たす作品として，「おおきなかぶ」（A・トルストイ（作），西郷竹彦（訳）・光村出版・1年生の国語教科書）を選びました。この作品には，大地を生きる人間のリズムがあります。人間と自然との闘いのリズムがあります。「おじいさん」というのではなく「じいさん」というのがいい。「おばあさん」というのではなく「ばあさん」というのがいい。大地に生きる農夫の香り高い言葉の響きです。「おじいさん」が引っ張ったのでは「おおきなかぶ」が小さくなってしまいます。「おばあさん」が加勢をしたのでは，力が加わるところか半減してしまいます。「まご」という言葉もおもしろい。意味だけを追っていけば，「まご」でなくても「こども」や「むすめ」でもいいかもしれません。否，決してそうではありません。世の中にもし親子よりも近い関係が存在するとするならば，それは「じいさん，ばあさん」と「まご」の関係ではないでしょうか。まご「mago」は，吾子「Ako」につながる母音の響きがあります。「いぬ」「ねこ」「ねずみ」にしても，身の周りのもので，これほど身近なものは，ほかには

ありません。また，この物語の中心をなす「かぶ」を形容する「あまいあまい」「amai　amai」という言葉の響きがよいではありませんか。「あまい，あまい，おおきな，おおきな」とくれば，次にくるものは，いやなものであろうはずがありません。こうしたとき，「かぶ」は単なる物としてのかぶから，母なる大地の生み出すいのちの恵へと拡大されていきます。そのような響きがこの言葉のなかに秘められているのです。

　この作品は，人間と自然の闘いの表現を，「うんとこしょ，どっこいしょ―」に集約しきっています。まったく同じこの言葉を6回，場面を発展させながら重ねているだけなのです。人間の歴史と人の一生をそのまま形象した見事な表現です。この言葉のリズムなら，私の学級の7人が全員共有することができます。この言葉のリズムを共有したとき，私は子どもたちとともにこの作品を生きることができるのです。「うんとこしょ，どっこいしょ―」が，この授業の展開の核です。この作品なら，今の私の学級の子どもたちと授業ができます。私は，こう考えてこの作品を子どもたちの前に出せる日へと思いを馳せながら，学級づくりを急ぎました。

3　授業の記録――ともに生きる世界を求めて

①語りおこし

　私たちは，まず，子どもたちにこの話に描かれている状況をしっかり捉えさせることから始めました。「じいさんがかぶをうえました」というのが，音としての言葉に流れぬように，子どもの前にかぶを植えるじいさんをつくってから読み始めなければなりません。かぶを植える畑ですから，とびっきり上等の畑ではありません。どちらかというと，荒地に近いはずです。その畑に「あまいあまい　おおきなおおきなかぶ」を育てようとするのですから，力の限り深く耕さなければなりません。そこらの畑にチューリップを植えるのとは訳が違います。私はそう思いながら，全身で鍬（くわ）を振り上げ振り上げして畑を耕してから，大きな土塊を一つひとつ細かく砕きながら，そこにかぶの種を植え，一休みするように鍬に凭れてから，「じいさんがかぶをうえました」と，語り始めました。それから，植えたかぶに水を掛けては，その育ち具合いを眺め，肥やしを掛けては，その育ち具合を眺めて，植えたかぶの種に，息を吹き掛けるようにして，「あまい　あまい　か

ぶになれ。おおきな　おおきなかぶになれ」と，呼びかけました。
②語りのなかでの「間」
　その後，何度も何度も水を掛けたり，肥やしを掛けたり，大きくなっていくかぶを眺めて喜んだりする所作を繰り返し，十分過ぎるくらい十分，「間」を取ってから言葉の重なりが強調できるように，初めの言葉を後ろの言葉が包み込んでしまうように，言葉の意味よりも，音の響きが余韻を引くように，「あまい　あまい　おおきな　おおきな　かぶに　なりました」と，歌うように語りかけました。
　この語りのなかで，子どもたちは，私の鍬を振り上げて大地を耕す動きに対応して，動き出すようになり，W子が立ち上がって，私と一緒に畑を耕し始めました。するとM男もW子につられたのか，しきりに私のように鍬を振り上げる真似をします。水を掛ける場面では，私は長い担桶柄杓で掛けていると，W子はジョーロで水をやり，M男は柄杓でやっています。T男はそういう具体的な細かい表現ではありませんが教室の隅に何かを運びに行っては，畑に持ってきています。また，「あまいあまい」「おおきなおおきな」の部分ではW子は両手で何か宝物を抱えているような仕草をし，S男は猫をなでるような動作をしていました。じいさんが育てたかぶの芽とともに，子どものなかにも「おおきなかぶ」に対するイメージの芽が吹き出したことを，はっきりと感じ取ることができました。
③語りの補助としての絵
　「じいさんはかぶをぬこうとしました」
　ここで私は，黒板いっぱいに，かぶの絵を描きました。大袈裟にその大きさを強調するように3分の2は，はみ出すように書きました。絵を描くことによって，せっかく子どもたちの間にできかけている物語のイメージを括ってしまうことを恐れたからです。
　その大きなかぶの周りをゆっくり回ってから，かぶを何度か手で触れたり顔を近づけたりして，かぶの一番大きな葉を選んで，それをしっかりと握りしめてから，肩と腰にいっぱいの力をこめて力みながら，「じいさんはかぶをぬこうとしました」と一気に語り下しました。
④語りのなかでのハーモニー
　いよいよクライマックスにさしかかります。大地に両足を踏ん張り，文字通り全身に力を込めてのかぶ抜きです。しかし，この弾みのある力のこもった声は，これから6回繰り返す，その最初の掛け声です。6回の1回1回が，ハーモニーをもっていなければなりません。人間

が人間として生きていく限り，幾度となく出てくるこの言葉。理屈は何にも述べられていませんが，人間であれば誰でもがもち得る，この言葉のリズムを，子どもたちと共有したいと思うのです。

「うんとこしょ，どっこいしょ—」大きく体を前から後ろに引き倒すようにして声を張りあげました。2回目からは，力とともに声も合わせなければなりません。しかし，ここは思いっきり1人であげる掛け声だと考えたのです。「—」の部分は息を殺して全身の力を込めて引いています。声にならない声と解釈し，ありったけの力で奥歯を噛み締め「おおきなかぶ」を睨みつけました。そして息の堪えられる限り，全身の力を込めて，かぶを引き続けました。そして，子どもたちの間に「だめだ」という微かなゆらぎが見えてから，すうっと息を抜きました。それから，大きく1つため息をついてから，もう一度かぶのほうに目をやりながら，やや声の調子を落して，「ところがかぶはぬけません」と，ゆっくり語りかけました。

⑤共同授業者の参加

それから，しばらくかぶを見詰めていて，急に元気が出てきたように振り返り，両手をパンと叩いてから，「じいさんは，ばあさんをよんできました」と，「いいことに気がついただろう」と語り聞かせるように話しました。そして，共同授業者のA氏に，ばあさんになってもらい，手を取り合って息を弾ませ，かぶのところに戻ってきました。

さあ，いよいよ元気百倍。その胸の弾みを全身で表しながら，「かぶをじいさんがひっぱって，じいさんをばあさんがひっぱって，うんとこしょ，どっこいしょ—」2人で一心にかぶを引っ張ります。

「それでも　かぶはぬけません。ばあさんは　まごを　よんできました」

⑥語りのなかへの子どもたちの参加

ここは，畳みかけるように読んでみました。「……ひっぱって，……ひっぱって，……ぬけません」という語りの膨らみのある重層的なリズムが，ここの内容を何よりもよく表現していると思ったからです。

さて，ばあさんはまごを探しています。ここで，これまで，キョロキョロあたりを見回してばかりいて，話のなかに入っていないと思われたU子が，ニコニコしながら飛び出してきました。A氏は，U子にかぶの方を指さしながら，「かぶが抜けないのよ。加勢して」と呼

びかけて連れてきます。

　「かぶをじいさんがひっぱって　じいさんをばあさんがひっぱって　ばあさんをまごがひっぱって」

　今度は，順々につながりながら，確かめるように，しかし，高まる弾みのリズムは壊さないように，語りかけながら，3人で声を揃えて「うんとこしょ，どっこいしょ」と，声をあげました。

　「やっぱりかぶはぬけません。まごはいぬをよんできました」

　犬には，自分が呼ばれるのを待っていたW子がなりました。続けて，

　「かぶをじいさんがひっぱって，じいさんをばあさんがひっぱって，ばあさんをまごがひっぱって，まごをいぬがひっぱって，うんとこしょ，どっこいしょ」

　ここで，私の語りに子どもたちの声が重なってき始めました。「ひっぱって，……ひっぱって」という部分では，全員の声が揃って一層弾みがつき「うんとこしょ，どっこいしょ」の声は，一段と高くなってきました。

　「まだ　まだ　かぶは　ぬけません」と，かぶを引っ張ってくれている子どもの方を向きながら，少し口を尖らせて言うと，W子が，私のところにかけ寄ってきて，立ち上がって体を乗り出しているM子の方を指さし，呼びに行くという仕草をしています。私はW子の方を向いて大きく頷きながら，呼びに行くことを認めてから，呼びに駆けていくW子の背中に声を投げかけるように，「いぬは　ねこをよんできました」と言いました。M子は興奮したのか，麻痺の残る唇の涎を拭きながら，W子に連れられてやってきました。私はM子に，「ねこさん，かぶを抜くのを加勢してくれますか」と聞きました。M子は，口をフンガーフンガーさせながら，両手で拳をつくり，「がんばるぞ」というポーズをして見せたのです。私は，「さあ，みんなで抜くぞ」とかけ声をあげてから，席に着いている子どもたちを指揮するように，引くかぶを指示しながら，「かぶをじいさんがひっぱって　じいさんをばあさんがひっぱって，ばあさんをまごがひっぱって，まごをいぬがひっぱって，いぬをねこがひっぱって」と，子どもたちの声に私の声を重ねながら，単に数が増えるだけではなく，世界が拡がっていることをリズムで表現するために，「かぶをじいさん」（二音‐四音）「じいさんをばあさん」（四音‐四音）「ばあさんをまご」（四音‐二音）「まごをいぬ」（二音‐二音）「いぬをねこ」（二音‐二音）とい

う音数を強調してみました。その微妙な変化を子どもたちは感覚で鋭く捉えます。特にS男の声には，他の子の声をリードするような1つの弾みがついてきて，「ひっぱって」の部分「じいさんをばあさんが」の部分はやや重く，「いぬをねこが」のところは軽くというような変化が見られるようになりました。「ひっぱって」の部分の5回の積み重ねの結果を，次の言葉に結びつけなければなりません。そうすれば，じいさん，ばあさん，まご，いぬ，ねこの大合唱となるはずです。

「うんとこしょ，どっこいしょー」と，子どもたち，みんなの声が揃うように動作に合わせながら，「うんとこしょ」で1回大きく息を吸ってから「どっこいしょ」とつないでいきました。声には少しばらつきが見られましたが，それぞれの子どもが，自分のイメージで声を出していることがよくわかりました。揃っていないことが，反って，1つのハーモニーを生んでいます。

「なかなかかぶは　ぬけません」

ここは，言葉のリズムの上にも失望の色が濃く出ています。このまま抜けないのではないかという不安を込めて，全身の力を抜いて読みました。そして，最後に望みをつなぐというように，「ねこはねずみをよんできました」を，少し声の調子を落として読むと，W子がM子の世話をしながら，呼びに行き始めました。最後のねずみには，T男がなってくれました。

「かぶをじいさんがひっぱって，じいさんをばあさんがひっぱって，ばあさんをまごがひっぱって，まごをいぬがひっぱって，いぬをねこがひっぱって，ねこをねずみがひっぱって」

言葉のないM男が両手を激しく振りながら，言葉のリズムに合わせて体を揺すり，息を吸い込みながら声を出す吸気発声ではありますが，何か高い声を出しています。

⑦語りおさめ

「うんとこしょ，どっこいしょ」

これまでの最高の掛け声のなかで，後ろに転びながら，かぶを抜きました。子どもたちの間から，「ウアー」という歓声と拍手が自然に起こりました。その喜びの渦のなかで，静かに，一人ひとりに頷きかけながら，「とうとう　かぶは　ぬけました」と，語りおさめました。子どもたちの間に，もう一度拍手が起こりました。

4 教材を生きるということについて

①子どもとともに生きる

　私は「おおきなかぶ」を子どもの前に出しながら，お話の筋の説明になってはならないと思いました。そうなると，子どもたちは私から逃げ出してしまうと自分に言い聞かせていました。「この作品を生きさせるのだ。いや，この作品をともに生きるのだ」と自分に言い聞かせながら語り聞かせたのです。

②物語の世界を生きる

　子どもたちは，文字を読むことはできないし，発音も十分にはできない子どもも多くいます。にもかかわらず，言葉のもっているリズムには，どんどん反応してきます。深い内容の込められた美しい日本語に対しては，体を使ってイメージを表現してきます。そうしたなかで，不十分ではあるけれども，言葉が出てきたり，音韻の向こうにある世界を体で表現したりする姿が見られるようになってきたのです。

　私が解釈したものを全身で表現しながら，子どものなかに入れます。そうすると子どもたちがそれに反応してくるようになります。その子どもたちの反応によって，また解釈が深められ，私の体のなかに新しい表現が生まれてくるのです。このような相互交流のなかでは，子どもたちの一人ひとりのいのちが輝いて見えます。作品の世界を子どもとともに生きるということをこの授業の展開のなかで，私は，子どもたちから学ぶことができました。

第3節　子どもへの共感と感動

　Ｉくんは，掃除が大の苦手です。あるとき，みんなが一生懸命している掃除の時間にあっちにぶらり，こっちにぶらりとしていました。私は，たまりかねてＩくんの側に行ってみると，雑巾を持っていないのです。理由を聞いてみると「雑巾をなくしてしまった」と言うのです。そこで，私は自分の使っていた雑巾をそのままＩくんに与え，みんなと同じように掃除を一生懸命にするように厳しく注意をしました。ところが，Ｉくんは私の与えた雑巾を取ろうとせずに放り出して，ふくれ顔をしたままその場に座り込んでしまいました。「しまった」と

思いましたがもうだめです。一端座り込んだら梃子(てこ)でも動かないという頑強さでIくんは頑張り続けました。掃除が終わって帰る用意を始める頃に，やっと立ち上がってみんなと一緒に帰る用意を始めました。
　私はIくんを帰した後で，いろいろなことを考えました。掃除をしないでぶらぶらしている彼を見て，とっさにその場でとった私の浅はかな行為が返って彼の心を頑なに強張らせてしまいました。Iくんはきっと私が無動作に与えた雑巾を「自分の雑巾ではない」と思ったに違いありません。「誰の雑巾でも変わりがないではないか。文句を言わずにみんなと一緒に一生懸命掃除をしろ」という無神経な人間を，彼は自分の教師として認めることができなかったのではないでしょうか。Iくんの頑なさのなかに，そのことをはっきりと読み取ることができました。
　私はその日，家に帰って彼の母親に電話をすることにしました。その日のことを母親に丁寧に話してから，私の与えた雑巾では彼は明日もまた掃除はしないだろうから，彼のために雑巾をつくっていただきたいということをお願いしました。お母さんは，快く私の願いを受け入れてくれ，その夜のうちに心を込めてきれいな花模様のついた雑巾をつくってくれたのです。
　翌日，Iくんは学校に着いてからもその雑巾を何度も何度も取り出して眺めていました。そして，その日の掃除は誰よりも真剣にしました。真剣に掃除をしている彼に「Iくん，掃除，頑張っているね」と声をかけると，彼は私にその花の模様のついたきれいな雑巾を実にうれしそうに見せてくれました。
　私はその日の生活ノートに「お母さんのつくってくれた雑巾のお花とってもきれいだね。雑巾のお花が『頑張れ頑張れ』とはげましてくれるので掃除が楽しくなったんだね」と書きました。Iくんはそのノートをみんなに隠れるようにこっそりと読んでくれていました。
　1週間後，そのことを，学年集会でT先生が取りあげてくれ，みんなの前でIくんが掃除を頑張っていることと彼の雑巾のことを話してくれました。そのときも，Iくんはうれしさを一生懸命堪えながら照れていましたが，めったに書かない彼の生活ノートに「たかはし先生にほめられました。とてもうれしかったよ」と書き，その後も掃除を頑張り続けました。Iくんが進級する日にも，ベランダにはすっかり汚れてしまった彼の花の模様のついた雑巾がかかっていました。
　ルソーは著書『エミール』のなかで「教師は若ければ若いほどい

➡1　ルソー，今野一雄（訳）『エミール（上・中・下）』岩波書店，1962年・1963年・1964年。

第8章　小学校の実践から幼児期における「教育」のあり方を考える

い」というようなことを書いていましたが，その若さの意味するものは，子どもへの共感ということではないでしょうか。子どもと生活をしていて楽しいと感じる感性がなくなってしまうと，子どもへの共感的な理解は生まれてきません。

『ソメコとオニ』という作品がありますが，そめこと遊ばされている鬼がほとほと困り果てて，そめこの父親に迎えに来てくれという場面がありますが，そこには子どもの行動に共感できない鬼の本質が語られているようで興味深いものがあります。教師も子どもと共感できなくなり，遊ぶことが苦痛に感じるようになると鬼になってしまうと，斎藤隆介は私たち教師に語りかけているのかもしれません。

▶2　斎藤隆介（作），滝平二郎（絵）『ソメコとオニ』岩崎書店，1987年。

第4節　子どもたちへの誠実さ

1　押しつけられた答えと目の前の事実

　少子化傾向が一層強まっている今日，子どもたちへの期待は必要以上に拡大しています。その結果，幼い頃から，将来のためにということで，子どもたちはいろいろな習いごとをしていると聞きます。保護者たちの過激とも言えるような教育ニーズに対して，入学前から小学校教育の先取りを行っているところもあるといいます。

　このような流れをつくったことの原因の1つに学校における知識の詰め込み教育があげられます。現在の学校ではそのようなことを乗り越えようとさまざまな体験的な学習を取り入れて，生きる力を育てていますがなかなか家庭にまではそのような思いは届いていないようです。つい最近，学習塾に通っている子どもの家庭での学習風景を見る機会がありました。そこでは，母と子が季節と草花という「課題プリント」をしていました。花は「チューリップ」「あさがお」「きく」「さざんか」などがきれいな写真と一緒に示されていました。この花の咲く季節を探すというわけですが，私の出会った場面では，「きく」の咲く季節を探しているところでした。子どもは迷わずに「なつ」を選んだのです。ところがそれを指導していた母親は，「菊は夏ではなく秋に咲くのだ」としきりに教えているのです。しかし，現実には，その母親が育てた菊の大輪の花が，真夏のいま，見事に子どもの目の

前で咲いているのです。子どもは迷わず菊が咲くのは夏だと選んだに違いありません。母親は，初めのうちは子どもの言うことも一応認めたうえで，「菊の花は秋に咲くのが普通である」ということを説明していましたが，納得しない子どもに対して，とうとう「菊はいま咲いているけど本当は秋に咲くの」と言い出しました。しかし，子どもも負けずに，「それはおかしいよ。だって今は夏でしょう。いま菊の花が咲いているから，やっぱり，菊の花が咲くのは夏でいいんだよ」と言うのです。母親はほとほと困ってしまっていたようですが，「菊の花はいくら夏に咲いていても，秋に咲くのが本当なのだ」とやや感情的になって，子どもに「菊は秋に咲くのだ」と押しつけるような言い方になってしまいました。子どもはいまにも泣き出しそうな顔になって，「それでもやっぱり，お母さんが言うのはおかしい。菊はいま咲いているのだから夏咲くのが正しいよ」と言い張るのでした。

　この親子のやり取りを見ていて，私は自分のなかにもはっきりと存在する大人の不誠実さを見せつけられたようで，心が痛みました。反面，最後まで目の前に咲いている菊の花の事実に忠実に従い，涙ぐみながらも真実を主張し続けた子どもの純真さに強く胸を打たれました。

　このやり取りのなかで，もし，この子が自分の思いを言い張らないで，母親の言うことに妥協してしまい「夏であるいま菊の花はぼくの目の前に咲いているけれども，本当はお母さんが言うように秋に咲くものなのだから，やっぱり菊は秋に咲くということにしておこう」というように言ってしまっていたとしたらどうでしょう。

　野外観察会などを行うと，小さくひっそりと咲いている野の花に見惚れている子どもに対して，しきりに草花の名前を教えたがる母親がいたり，自分の見つけた草花をやたら子どもに押しつけたりする父親がいたりします。このような母親や父親たちは，自然は子どもの耳に誘いかける言葉でいろいろなことを囁きかけているということに気づいていないのかもしれません。自然は人間の浅はかなはからいを超えた大きな世界から，子どもたちに限りなく豊かな言葉で呼びかけ続けているのです。野の草花に操られるように四方八方を跳び回る子どもたちの生き生きとした足の運びは，その大きな世界からの呼びかけに対する子どもたちなりの答えなのかもしれません。

　私が小学校の教頭をしていたとき，知識の詰め込みではなく自然体験などの活動を重視している教師が担任をしている学級の子どもと野外学習に出かけたことがあります。障害のある子どもが交流学習で参

加していたのですが，車いすに乗ったその子が車いすの高さからタンポポを見つめ「たんぽぽは半分ずつ開く」ということを見つけてみんなに教えていました。周りにいた子どもたちは誰もがそのことを初めて知ったといって大変驚いていました。恥ずかしながら私もその子に教えてもらうまでは「たんぽぽは半分ずつ開く」ということは知りませんでした。そしてそのときの感動はいまも忘れていません。

2 教師の美意識

　障害があるとかないとかということを超えて授業をつくっていくためには，教師の美意識が決定的に作用するということを私の所属していた研究会で言われたことがあります。

　これは，私の親しい友人から聞いた話ですが，その教師は，前に特別支援学校に勤務していたことがありましたので，通常の学校に転勤してからも，できるだけ障害のある子を自分の学級に受け入れるようにしてきたというのです。脳性麻痺の子どもを学級に受け入れたときのことです。その子はとっても努力家で，いろんなことに挑戦して，その子なりにいろんなことができるようになっていくのですが，歩くときはどうしても片足をひきずってしまうのです。これだけは，この頑張りやさんもどうしようもなかったというのです。ところが，その歩き方がいけないというので，運動会の入場行進に出さないようにしてはという話が職員のなかでもち上がってきたというのです。全体の美が壊れるというわけです。もちろん教師ですから，ストレートにはそのようには言わずに，この子が片足をひきずるような歩き方をみんなの前で見られるのは嫌だろうから，行進に参加しなくていいように配慮してはどうかというのです。しかし，この教師たちのいう全体の美という美意識は，いったいどんなものだろうと考えざるを得ません。麻痺のある子どもがどんなに頑張って歩いても足をひきずっては美しくないというのです。そして，それだけの理由で運動会の入場行進に出させないというのですから，これほど惨い話はありません。少しでも美しく足を上げて歩くようにと努力してきたこの子の気持ちというのは，いったいどうなるのでしょう。この子も可哀想ですが，私はこの子の歩く本当の美しさを見ることのできない教師たちの方がもっと可哀想に思うのです。子どもを一定の枠にはめてその通りに動くことが美しいと思っているのです。そんなのはおおよそ人間の美しさとは

ほど遠いものです。「やんちゃはやんちゃ，あまえんぼうはあまえんぼう」のままにそれぞれの子どものかけがえのない美しさがあるのです。

かつてある公開研究会の会場で右腕の麻痺した子のマット運動を見せてもらったことがあります。その指導者は，跳び箱が跳べずに行き詰まってしまったその子と親しく声を交わしながら，麻痺しているその腕をその子の演技の中心に据えて実に美しい子どもの姿をつくり上げたのです。その子は片麻痺という障害を越えて実に美しく跳び箱を跳ぶことができたのです。私は，心ないもっともらしく言葉を飾った教師たちの話を聞きながら，必死にその跳び箱の指導をする指導者の姿を思い出していました。

どのような授業をするにしても，そこに，教師の人間性に根ざした美意識がなかったら，子どものためにと叫びながら，子どもともっとも遠くはなれた教育をしてしまうことになってしまうのです。そして，私たちは常にそのような危険性を孕んで子どもたちと向きあっているということを，忘れてはいけないと思います。

3 小学校教育からみた幼児教育への期待

知識偏重，詰め込み主義という批判のなかで新しい方向をめざした教育改革に全国教育研究所連盟の一員として関わった筆者の立場から言えば，小学校における「生活科」や「総合的な学習」の発想は，幼児教育が長い間積み上げてきた人間教育の内容を継続的に発展させたものとして重要な意味をもっていました。しかし，その意味を十分に理解することは難しく，そのつなぎの狭間でさまざまな問題が吹き出しています。これまで紹介してきた小学校での実践事例は，そのようなつなぎの矛盾に着目しながら幼児期と小学校の教育を貫く原則を提示してみました。ここで改めて，筆者の幼稚園園長としての経験も踏まえ，小学校教育からみた幼児教育への期待を整理してみたいと思います。

まずはじめに，幼児期の教育では遊びをはじめとしたすべての活動が自主性と自発性を基盤にしているということがあります。そして，それは子どもへの最善の利益への配慮ということにつながります。しかし，小学校においては教育内容が強く前面に出て子どもたちを生きづらくしてしまっているという現実があるのです。

また，幼児期の教育では決められた「教科書」というのがありませんので，基本的には教材（学習材）は保育者の手づくりということになります。そこでは，教材の選択と解釈はもっとも重要な仕事になるので，小学校現場では，ともすればおざなりになりがちな「おおきなかぶ」で示したような教材との出会いが，普通に行われているということです。人間の文化と最初に出会う幼児教育現場では，小学校の現場をはるかに超える深い教材との出会いがなければ保育は成立しないからです。

　さらに，感性の鋭い幼児期の子どもとの関わりにおいては，きめ細かな深い関わりが求められます。特に気になる子どもや障害のある子どもたちへの対応では，発達についても十分な配慮が必要です。ここで取り上げた事例の多くは，画一的になりがちな小学校現場に一人ひとりの子どもの違いに着目するという面で保育現場と共通するものが数多く含まれていると思います。

第5節　小学校の実践から幼児期における「教育」のあり方を考える

　幼児教育の義務教育化が政治的な課題として取り上げられるようになってくるなかで，保幼小の連携・接続した教育の重要性が改めて大きな問題として各方面で取り上げられています。しかし，そのことは決して幼児教育の現場が小学校の授業を先取りするという形での早期教育を求めることではないということを小学校教育に長年関わってきた一人として改めて強く感じています。つまり，小学校教育というときちんと机の前に座って教師の指示に従えるようにしたり，高い跳び箱を跳んだりすることのように考えてしまう人が多いなかで，そうではなく，幼児期には幼児期の発達を踏まえた教育が必要であり，また幼児期の特性を十分に踏まえたうえで小学校の教育のあり方を考えていかなければならないということを，小学校での教育実践を通して提案してきました。

　保幼小の連携・接続した教育の具体的な内容が必ずしも明確になっているとはいえない現状では，小学校の側が幼稚園や保育所に対して抱いている未熟な誤ったイメージ，逆に幼稚園や保育所の側がもっている旧態依然とした小学校教育のイメージが相互に理解しあうまでには至っていません。

このような現状に対して，この章で紹介した実践事例は，小学校教育のイメージの転換をはかり相互の理解を深めるのに一定の役割を果したいという思いを込めて提案しました。つまり，幼稚園・保育所が先取りする形で小学校に合わせたり，小学校が幼稚園・保育所に対して誤ったイメージで子どもに接したりするといった，どちらかに合わせてつなげるというのではなく，子どもたち一人ひとりの主体性と育ちの現実をしっかりと踏まえて人間として関わることが大切であり，そのことが保幼小の連携・接続した教育の底流をなす人間教育の本質ではないかと考えているのです。

第9章

現代の保育現場の抱える課題

この章では，近年，急激に対応が求められる傾向があり，保育者が対応が難しく困難であると捉えている今日的保育課題を，「多様性」「公平さ」「特別な配慮」をキーワードに取り上げてみたいと思います。

第1節　多様性・公平性のなかで展開される保育実践のあり方について

1　多文化共生社会における家族・保育とは

①多文化共生社会における多様な文化背景をもつ家族を知る

　私たちが使っている身の回りの物をよく見てみると，他国で生産されたMade in ○○が多いことに気づきます。交通網の発達で人も海外へと自由に移動する現代は，ICTの発達とも相まって，加速度的にグローバリゼーション化を迎えています。日常生活のなかで見知らぬ文化規範に触れ，聞きなれない言葉に耳を傾ける。私たちが日常生活ですでに経験しているこの社会は，国籍の違う多様な文化背景をもった人々が互いを理解しあい，一緒に生き方を形成していく多文化共生社会へと転換を迫られています。しかし，日本では身近に外国人たちが暮らしていても，同じ住民として一緒にコミュニティをつくり上げて共生している事例をあまり耳にすることがありません。それは，私たちが日々の生活で外国人と接する機会が少なく，コミュニケーションを取ることに慣れていないということなのかもしれませんが，果たして課題はそれだけでしょうか。

　日本には現在，約223万人（2015年12月末現在）の外国人が住んでおり，その数は年々増加しています。東京都，愛知県，大阪府が上位3都道府県ですが，これらの都道府県には，歴史的理由で居住する人々のほかに，外国人を雇用する企業が多くあります。外国人の人口が増加しているのは労働者不足を補うためと考えられます。

　こうした外国人労働者を抱えるようになった背景には，日本社会が抱える少子・高齢化問題があります。生産年齢人口の減少に対してどのような施策を出せるかが日本の喫緊の課題であり，その解決策の1つとして，外国人労働者を増やし，移民として迎え入れる政策が検討されています。各企業が導入に踏み切れば，外国人労働者と共に働き，共に地域で暮らしていく機会がこれまで以上に増える社会がやってく

➡1　法務省「平成27年末現在における在留外国人数について（確定値）」2016年（http://www.moj.go.jp/nyuukokukanri/kouhou/nyuukokukanri04_00057.html）。

第9章　現代の保育現場の抱える課題

ることになります。

　現在在留している外国人のなかには子育てをしながら暮らしている家族もいます。日本に住む0歳から5歳までの外国人の子どもは約9万人（2016年現在）いると報告されています。子どもたちのなかには，日本の保育所，幼稚園，認定こども園に通っている子もいます。園に通う子どもたちのなかには，保護者が使用する言語で育ってきて，日本語を習得しないまま入園するケースがあり，その保護者も日本語が話せない場合があります。もちろん，言葉の違いだけではありません。言葉の数だけ，文化の違いが存在します。塘（2006）が「子どもは生まれた直後から，それぞれの文化や社会のなかでふさわしい行動がとれる大人になるよう社会化されていく。しかしその社会化の内容は文化や社会によって異なる。どの程度の知識が必要か，どのような行動が賞賛されるのか，どう他者とつき合っていけばよいかなど，価値観や行動の基準，そして個人に与えられる発達期待の内容は，文化や社会によって異なっており，ある社会では肯定的に捉えられていることが，別の社会では否定的に捉えられることもある」と述べているように，育った国や文化が違えば，子どもの育ちに対する願いや子育ての方法は違ってきます。

　このように多様な文化背景をもった家族を支援するためには，子どもにとって初めての社会生活の場であり，保護者にとっても子育てのパートナーとなる保育現場の存在は不可欠です。受け入れる側の保育施設は，どのような家族の子どもにとっても平等に保育を受けることが可能でなければなりません。「保育所保育指針」の第3章の2の「(1)保育に関わる全般的な配慮事項」には，「オ　子どもの国籍や文化の違いを認め，互いに尊重する心を育てるよう配慮すること」と示してあり，保育所における多文化共生理解の必要性が示されています。では，具体的にどのようなことを保育の場における多文化共生と捉えればよいのでしょう。以下，外国から日本に来日して生活している家族のエピソードを通して，多文化共生社会における保育とは何かを考えていきます。

②多文化共生社会において保育者に求められること

　多文化共生社会において，子どもや親と共に保育をつくっていくときに，保育者に求められることを保育現場で起こった具体事例から考えてみましょう。次のエピソードは，保育所での指導経験2年目の保育者が書いた保育記録です。5歳児クラスの子どもたち，そして保護

▶2　在留外国人
留学や仕事などで中長期日本に滞在する人（長中期在留者）と特別永住者をいう。

▶3　法務省「在留外国人統計（旧登録外国人統計）統計表（2016年6月末）」2016年（http://www.moj.go.jp/housei/toukei/toukei_ichiran_touroku.html）。

▶4　塘利枝子「環境に埋め込まれた保育観と乳幼児の発達」山田千明（編著）『多文化に生きる子どもたち——乳幼児期からの異文化間教育』明石書店，2006年，p. 70。

者が抱えた葛藤について書かれています。

〈エピソード〉 何色でぬるの？

　この日は「このお休みにおうちの人と何をしたのかを絵に描いてみましょう」という活動をした。フィリピンからやってきたＡちゃんは，妹とお人形遊びをしたことを描くと言う。クラスの他の子どもたちはお道具箱からクレヨンを取り出してそれぞれに絵を描き始めている。Ａちゃんは，自分のクレヨンの茶色がなくなっていたようで，向かいにいたＢちゃんに「茶色，貸して」と尋ねている。Ｂちゃんは「いいよ」と言うと笑顔で自分の茶色をＡちゃんに渡した。「ありがとう」と言ってＡちゃんが茶色で妹の顔を塗り始めると，Ｂちゃんの隣に座っていたＣちゃんが「顔は肌色よ」とつぶやく。Ａちゃんが「茶色よ」と言い返すと，「みんな，顔は肌色」とＣちゃんが言い返す。Ａちゃんは周りを見回して，茶色で顔を塗っている友だちがいないことに気づき，しくしくと泣き出した。私はどう声をかけてよいのかわからず，とりあえずＡちゃんの傍らに寄り添い「Ａちゃんの好きな色で塗っていいのよ」と声をかけた。Ｃちゃんにも「Ａちゃんが塗りたい色で塗っていいのよ」と同じことを伝えた。

　お迎えのとき，Ａちゃんのお母さんにこのことを伝えるとお母さんは悲しそうな表情で「先生，Ｃちゃんにきちんと間違っていると言ってほしい」と言われた。

　何が間違っているのだろう。何となくはわかるのだが，私はＣちゃんにかける言葉が見つからない。

　さて，このエピソードにおいて子ども・保護者と保育者は，それぞれどのような葛藤を抱えたのでしょうか。

　保育者は，ＡちゃんにもＣちゃんにも何をどう伝えてよいのかがわからず困惑しています。保育者が考える子どもの育ちに大切な考え方や価値観は，保育者自身のこれまでの経験や養成時代における気づき，そして，保育者として働き始めてからの学びなどを通して培われてきたものです。それと同様に，Ａちゃんが当たり前に思うことも，Ｃちゃんが何か違うと感じることも，Ａちゃんのお母さんが大切だと譲れないことも，すべてそれぞれが積み重ねてきた経験によって形成された価値観なので，そこに正解はありません。強いて言うなら，どの価値観も等しく尊重されることが正解といえるでしょう。保育者は，子ども，親，保育者それぞれにいろいろな考え方や価値観があることを理解することで，このエピソードにおける対応策が見えてくるのではないでしょうか。たとえば，このエピソードでは，保育者はまずＡちゃんがつらい気持ちでいることに共感しました。Ａちゃんの気持ちがわかった保育者は，泣いてしまって自分のつらい気持ちをＣ

ちゃんに言えずにいるAちゃんの思いを代弁します。Cちゃんがどういった反応をしたのかは、このエピソードからはわかりませんが、少なくとも絵を描くという行為においては、その人の表現の自由が尊重されることを、Cちゃんをはじめとするクラスの子どもたちに保育者は知らせることができたと言えます。Aちゃんのお母さんの気持ちもわかる保育者は、どう対応してよいのかわからないと戸惑っていますが、Cちゃんの考えが間違っていたのではなく、生後5年という子どもたちの経験の乏しさからやってくる言動であることをAちゃんのお母さんに丁寧に伝え、子どもたちはいろいろなことを理解する発達段階があることをAちゃんのお母さんにも理解してもらえるようにするとよいのではないでしょうか。

　保育者が多様な価値観をもった人たちと共に保育をつくっていくためには、「第一に、保育者は、子どもの異文化間移動前の生育環境を理解する態度が必要であると思われる。(…中略…) 第二に、環境のなかに埋め込まれた発達期待を理解し、乳幼児期の段階から子どもと環境との相互作用を支援していくという保育者の態度が、異文化間移動を経験した子どもの受け入れにとって必要であろう。また異文化の理解と相互作用の支援は、外国人の子どものみに必要な物ではない。外国人の子どもを受け入れる側の日本の子どもたちにとっても、これから彼ら／彼女らが生きていく社会の状態を考えれば、必要な保育内容となる」とされています。子どもの文化背景やこれまでの育ちを理解することを前提にしながら目の前にいる子どもを理解し、保育を考えていくことが保育者には求められます。また、クラスに外国から来た子どもがいる場合、クラスのなかの日本の子どもたちにとっても多文化共生社会を経験する重要な機会になることも意識をしておきたいところです。

　他方、保育において多文化理解を進めていくうえでの注意点として、子どもの行動特性の理由を必要以上に文化の違いのなかに求めないことがあげられます。つまり、「○○ちゃんがこうするのは、○○ちゃんの国ではみんながするからなのね」というふうに、その子ども自身のことを見ずに、その子どもの文化的背景だけでその子どもを見てしまうことは避けなければなりません。どのような背景をもっていようとも、その子どもがその子どもなりに生きる姿を理解しようとすることが保育の第一義であるからです。

　こうした実践を通して、互いに新たな価値観を築きあげていくこと

▶5　異文化間移動
一定期間1つの国に住んでいた人が国境を越えて、住んでいた国とは違う文化の国に移動すること。

▶6　塘利枝子「環境に埋め込まれた保育観と乳幼児の発達」山田千明(編著)『多文化に生きる子どもたち――乳幼児期からの異文化間教育』明石書店，2006年，p. 95。

が多文化共生社会の生成と言えます。それは、保育者としての育ちとも言い換えることができるでしょう。子どもたちと一緒に知らないことから学びあい、その喜びを保護者にも伝えられる。そんな多様な価値観を尊び、分かちあえる関係性を築きあげることが、これからの保育者には求められてくることでしょう。

2 男女共同参画社会における子育てと働き方とは

①現代の子育てにおける課題を親の共働きの視点から考える

現代は女性の社会進出により、夫婦共に仕事をもつ親が多く、仕事と子育ての両立をする家庭が増えてきています。最近では、待機児童の問題により、親が子どもの保育所を、必死になって探している状況を表す「保活」が社会問題化し、子育てと仕事の両立の難しさを露呈しています。ここにおける問題点は、子育てが子ども不在の議論で進んでいくことにあります。果たして、日本は、子どもの視点からの働き方を模索していけるのでしょうか。まずは、親の共働きの視点から考えてみたいと思います。

共働きの促進は、1999年に施行された男女共同参画社会基本法によって女性の社会進出が進んだことで、徐々に当たり前になりつつあります。しかし、男女共に働くことが当たり前になったいまでも、「かつては夫が働き、妻が専業主婦として家庭や地域で役割を担うという姿が一般的であり、現在の働き方は、このような世帯の姿を前提としたものが多く残っている。しかしながら、今日では、女性の社会参加等が進み、就労世帯の過半数が、共働き世帯になる等人々の生き方が多様化している一方で働き方や子育て支援などの社会的基盤は必ずしもこうした変化に対応したものとなっていない。また、職場や家庭、地域では、男女の固定的な役割分担意識が残っている[7]」と言われているように、男女が同等に公平に評価されながら働けている現状が到来したとは言えません。

槇村（2011）は「共働きの家庭では特に子どものケアが課題となるが、家族形態の多様化や家族と仕事の両立に対して現実的な労働環境が整っていないなど、就労に対して現実とギャップがある[8]」と課題を示しています。実際、「利益の低迷や生産性向上が困難などの理由から、働き方の見直しに取り組むことが難しい企業も存在する[9]」という現実に見られるように、社会全体で労働のあり方を問い直さない限り、

➡7 内閣府「仕事と生活の調和（ワーク・ライフ・バランス）憲章」2007年。

➡8 槇村久子「景気減速と少子高齢化社会における就労に関する男女の意識と実態の変化」『現代社会研究』第14巻、2011年、pp. 65-72。

➡9 内閣府「仕事と生活の調和（ワーク・ライフ・バランス）憲章」2007年。

子どものための子育て環境を整えることは難しいと言えます。

　核家族化が進み，地域との交流がほとんどなくなってしまったと言われる現代では，産前からの医療や地域におけるネットワーク，産休・育休取得について，産休・育休後の社会復帰について，待機児童問題，学童保育のあり方についてなど，課題は芋づる式につながっています。このように，親の働き方の課題と子育ての課題が結びついている現状があるなかで，男女が共に働きながら子どもをないがしろにしない子育て環境を構築するにはどうしたらいいのでしょうか。

　男女共同参画社会の名の通り，これからの時代は男女共に協働しながら子育てに参加できる社会がめざされるわけですが，それを実現させていくには，まず，ワーク・ライフ・バランスの見直しに真剣に取り組む必要があります。内閣府（2007）は，「多様な働き方・生き方が選択できる社会である必要があり，性や年齢などにかかわらず，誰もが自らの意欲と能力を持って様々な働き方や生き方に挑戦できる機会が提供されており，子育てや親の介護が必要な時期など個人の置かれた状況に応じて多様で柔軟な働き方が選択でき，しかも公正な処遇が確保されている」ことをこれからの社会のあり方として掲げていますが，それには，私たち一人ひとりが多様な働き方・生き方に価値観を置くことが求められてきます。

▶10　内閣府「仕事と生活の調和（ワーク・ライフ・バランス）憲章」2007年。

②フィンランドの子育て事情から学ぶ

　筆者は2013～2014年にかけて1年間，フィンランド（人口約549万人）のノキア（人口約3万人）という町で生活をしていました。滞在中，平日の午後4時頃に子どもとお父さんが公園で遊んでいたり，スーパーマーケットで買い物をしている姿を毎日のように見かけていました。フィンランドは「平日に休みのお父さんが多いのだな」と思っていましたが，それは勤務時間が午前8時から午後4時までの勤務形態によるものであったことを知りました。日本もフィンランド同様に基本は8時間労働ですが，残業せずに帰宅できるフィンランドとは，男女平等の概念だけではなく，家庭と仕事の両立に見られる生活基盤の捉え方が根本的に違うことに気づかされました。

　フィンランドでは女性の就労の割合は48.0％，フルタイム職のなかで女性の占める割合も45.3％（2004年）と男性とほぼ仕事を分けあっています。

▶11　橋本紀子『フィンランドのジェンダー・セクシュアリティと教育』明石書店，2006年。

　子育て中の親にとって重要な育児休暇は，合計44週（263労働日）で，最初の18週（105労働日）は母親が，残りの26週（158労働日）は両親の

どちらかが選択できるようになっています。つまり，26週の間は母親もしくは父親のどちらかが継続してとることも，途中で交代することも可能であり，柔軟な制度になっています。また，2004年に育児休暇を取った女性は9万8,404人，男性は4万6,947人であり，女性の約半分の人数の男性が育児休暇を取っている状況は，日本の男性が育児休暇を取ることが躊躇されている状況とは違い，男女平等に子育てに関わることが可能な社会保障制度の充実が背景としてあります。フィンランドでも男性の育児休暇取得日数はそれほど多くはありませんが，父親が出産直後の父親休暇を取得することに問題ないと74％の職場が回答しています。

→12 橋本紀子『フィンランドのジェンダー・セクシュアリティと教育』明石書店，2006年。

→13 橋本紀子『フィンランドのジェンダー・セクシュアリティと教育』明石書店，2006年。

　一方で，フィンランドのなかにも性別による役割分担は根強く残っていると聞きますが，それに対する改革の表れとして18人の内閣のうち，首相をはじめ9人の大臣に女性を選出しています。このことからも男女共同参画社会の実現に真面目に取り組む一端がうかがえます。

　フィンランドの保育制度で特筆すべき点は，1996年の法改正によって，母親の就労有無にかかわらず誰もが保育所に入れるという主体的権利が子どもに与えられた点です。保育所に子どもを預けるのではなく，保育所に通う権利が子どもにあるという主体の移譲です。それゆえ，各自治体にはすべての子どもたちに保育所を整備するという義務が課せられています。そこには，子どもを一人の人として認め，子ども不在の子育て支援にしないというフィンランドの人々の子育てに対する意識が見えてきます。

　そして，フィンランドと言えば，近年その名が知られるようになったネウボラ（neuvola）という総合的・縦断的な子育て制度があります。ネウボラは，妊娠期から就学前までの子どもだけでなく，その家族の心身のサポートを目的とした子育て制度です。ネウボラはすべての自治体に必ず存在し，妊娠期間中から就学前までの母子を対象とした健診は無料で，健康状態の確認だけでなく，個々の家庭のさまざまな相談を行ってくれます。保健師や看護師は，基本的に担当制なので，個々の家庭と長期間をかけて信頼関係を築けるだけでなく，問題の早期発見や治療・支援につながっています。各家庭の記録を50年間保存するのもネウボラの特徴で，保護者支援や医療機関との連携，虐待やDVを未然に防ぐ役割を果たしており，男女共同参画社会や地域社会に密着した社会保障制度を定着させる大きな役割を担った制度と言えます。フィンランドの取り組みは，男女が共に働き，子ども主体の子

育て社会をつくっていくモデルの一つと言えます。

　保育者が子どもやその家族と関わっていく際，個々の子どもや家庭への理解を助長することは重要ですが，その背景には社会全体の制度や意識が関わっていることも意識しておく必要があります。社会における課題を知り，解決策を考えるときに，諸外国の取組みから学んでみると，日本における課題を解決する糸口を見つけることにもつながります。

第2節　特別な支援が必要な子どもと家族のための保育実践について

1　特別な支援を必要とする子どもとは

　近年，さまざまな保育・教育現場において「特別な支援を必要とする子ども」の支援の必要性が高まってきています。「特別な支援を必要とする子ども」と聞いて，私たちはどのような子どもを思い浮かべるでしょうか。将来，もし担任するクラスに「特別な支援を必要とする子ども」がいるとすれば，どのような対応を考えますか。

　2003年3月に取りまとめられた「今後の特別支援教育の在り方について（最終報告）」では，障害の程度等に応じ特別な場で指導を行う「特殊教育」から障害のある児童生徒一人ひとりの教育的ニーズに応じて適切な教育的支援を行う「特別支援教育」への転換を図ると述べられています。その転換が求められるようになった背景には，通常の学級にいる「気になる子ども」と言われる特別な支援を必要とする子どもたちへの支援の必要性がありました。近年の通級による指導を受けている児童生徒数（公立小・中学校合計）の推移を見ると，特別支援教育がスタートした2007年は4万5,240人であったものが，2013年には7万7,882人となっており，増加が目立ちます。また，特別支援学級在籍者数（公立小・中学校合計）の推移を見ても，2007年は11万3,377人であったものが，2013年には17万4,881人となっており，特別な支援を必要とする児童生徒の増加がうかがえます。この推移から考えられることは，幼児期の子どもにおいても，特別な支援を必要とする子どもが増加しているのではないかということです。

　最近"気になる子ども"という言葉をよく耳にします。幼稚園・保

➡14　文部科学省「今後の特別支援教育の在り方について（最終報告）」2003年。

➡15　通級による指導　小・中学校の通常の学級に在籍する発達障害のある児童生徒のうち，これらの障害による学習上または生活上の困難の改善・克服を目的とする特別な指導が必要とされる場合は，特別な教育課程の編成により行われる。

➡16　文部科学省「特別支援教育の現状と課題」2015年。

➡17　文部科学省「特別支援教育の現状と課題」2015年。

育所においても「椅子に座れず，ずっと部屋のなかを動き回っている」「すぐに友だちに手が出る」「活動に集中できない」「手先が不器用」などの行動が見られ，"気になる子ども"と言われている現状があります。毎日の保育のなかでは，よく見られる子どもの姿かもしれませんが，継続して子どもの様子を見るなかで，「あれ？　何だか様子が気になる」と感じることがあるかもしれません。一概に障害からくる言動とは限りませんが，園生活のなかで子どもが何かしらの困難を抱えていることだと捉えることができます。

　保育者はさまざまな障害の種類とその特徴の基礎的な知識と理解をもっておく必要があります。しかし，そこで忘れてはいけないことは，日頃の子どもの言動に障害の特徴を当てはめて，子どもの行動の真意を見ずに関わってはいけないということです。どの子どもにも得意，不得意なことがあります。したがって，どの子どもにも支援は必要です。"特別"だからといって，すぐに障害と結びつけるのではなく，子どもは何を思い，考え，伝えたいと思っているのかを行動から読み取る必要があります。保育者の専門性として，障害に関する知識をもち，目の前の子どものもつ障害から目を背けてはいけませんが，それだけに固執せず，さまざまな角度から子どもの姿を読み解き，一人ひとりの個性を見ていくことを忘れてはいけません。

　さらに，保育者の専門性として「特別支援教育」の視点をもつことはとても大切です。特別支援教育とは，一人ひとりの教育的ニーズに応じて適切な教育的支援を行う教育です。障害の有無にかかわらず，すべての子どもに支援は必要です。つまり，特別支援教育は特別な教育ではなく，すべての子どもにとって必要な教育だと捉えることができます。保育者には一人ひとりの違いを認め，子どもの個性を大切にするとき，一人ひとりのニーズに応じた支援を行うことが求められます。障害の有無だけに目を向けず，公平性を保障し，「特別支援教育」の視点をもつことが保育者に求められます。

2　実態把握・子ども理解と指導計画について

①日常の姿から実態把握をする

　子どもと関わる際には，まずその子どもがどのような子どもであるのか理解することから始めます。好きな遊びは何か，苦手なことはあるか，生活リズムはどうかなど，子どもを理解する手がかりは日常生

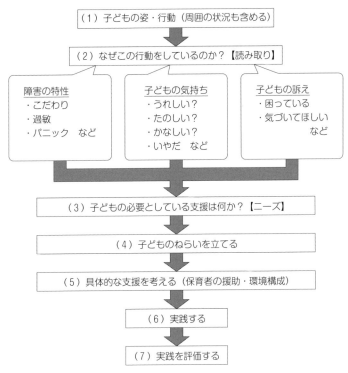

図9-1 子どもの姿から「ニーズ」を把握する考え方
出所：筆者作成。

活のなかに多くあります。特に、幼児期の子どもにとっては、日々の生活と遊びが基盤となります。[18]「実態把握」と言うと、発達検査を行い、検査結果から実態把握を行うことを想像しがちですが、それだけがすべてではありません。田中（2011）は、「一回の発達検査の結果の方が、細やかな日常の情報よりも重要な情報源になるとは思えない」[19]と述べています。もちろん、発達検査から子どもの発達的側面を知り、そこから支援を考えることも重要です。しかし、子どもの日常の基盤は生活と遊びです。子どもの姿から保育を構成していく保育者の専門性から、日常の子どもの姿をしっかり観察して、実態把握をし、支援を考えていくことが大切です。

② ニーズを把握する

2007年にスタートした「特別支援教育」では、障害のある児童生徒一人ひとりのニーズに応える教育をめざすことを理念としています。これは、一人ひとりの子どもの「ニーズ」をしっかり把握して、子どもを支援することが大切だということです。では一体どのようにニーズを把握していけばよいのでしょうか。図9-1は子どもの姿から子どもが何を必要としているのかの「ニーズ」を把握する考え方を示し

➡18 日本の幼児教育の父と呼ばれる倉橋惣三は、子どもの「遊び」の本質は「生活」であり、子どもにとって「生活」というのは、「遊び」そのものだと捉えている（倉橋惣三『幼稚園真諦（フレーベル新書）』フレーベル館、1976年）。
倉橋については、本書第1章及び第4章も参照のこと。

➡19 田中康雄「発達障害のある子どもの理解を深める——医療の立場から」『教育』11月号、2011年、pp. 26-34。

ています。子どもの姿，言動から，子どもが伝えたいことを読み取り，そこからニーズを把握していきます。茂木（2011）は，子どもと向きあい，子どもに尋ねることの重要性を強調しており，「私たちの視点を子どもの側に移動し，子どもとともに周囲の世界を見えるように試み，子どもと語り合うこと」[20]が大切であると述べています。ただ子どもを観察するだけでは，子どものニーズは見えてきません。子どもが何を感じ，考え，何に困っているのか，子どもの視点に立って考えていくことが大切です。保育者にとって「困った」行動であっても，子どもにとっては「困っている」行動として表れているのです。この考え方を，河合（2011）は「出会い直し」と呼んでおり，「困った子」ではなく，「困っている子」として「出会い直す」ことで，「子どもたちの願いや苦しみが，かれらの身体や内面世界，生活事象に埋め込まれたあらゆる表現を通じて，共感的に理解されるべき"声"・"ことば"として教師たちの前にその輪郭を太く現してくる」[21]と述べているように，子どものニーズを理解することにつながるのです。子どもの姿から，声なき声をしっかり受けとめ，ニーズを把握していくことが求められます。

③個別の計画を作成する

子どもの実態把握とニーズを理解したら，次に一人ひとりのニーズに合った支援を具体的に考え，「個別の計画」[22]を立案する必要があります。園やクラスの子どもの実態に合わせて計画を立てる月案，週案，日案からさらに，個々の子どもにとって必要な支援を考える「個別の計画」につなげていくことで，子どもの育ちを丁寧に把握し，見通しをもつことにつながります。また，計画を立案することで，支援を視覚化し，子どものニーズに合った支援を行うことができているかを明確にすることができます。そのためにも保育者は，絶えずその支援が子どものニーズに合った支援であるかどうか繰り返し考え続ける必要があります。

個別の計画を立案する際に留意したいことは，保育者主体ではなく子ども主体として支援が考えられているかということです。保育者が困った行動と捉えて支援を考えるのではなく，子どもは本当に困っているのか，現在支援を必要としているのかを見極める必要があります。だからこそ，子どもをじっくりと実態把握することが大切であり，子どもの実態からかけ離れた支援にならないように留意すべきです。また，幼児教育における基本は環境を通して行うものです。「話を聞く

---

[20] 茂木俊彦「障害のある子どもの理解と教育指導」『障害者問題研究』第39巻第2号，2011年，pp. 82-89。

[21] 河合雄平「障害・発達困難のある子どもの教育実践と子ども理解の課題——子どもの生きにくさと傷つきやすさにどう向き合うか」『教育』11月号，2011年，pp. 35-42。

[22] 個別の計画
個々の幼児児童生徒の障害の状態などに応じた指導内容や指導方法の工夫を計画的，組織的に行うことができるように，家庭や関係機関と連携しながら個別に作成する計画のこと。個別の計画には，「個別の教育支援計画」「個別の指導計画」等がある。

ことができない子ども」に対して，話を聞くことができない困った子どもとして子どもの能力にその姿を見るのではなく，話を聞く環境や保育者の話し方はどうあるべきかを考え，支援することが大切です。

④保護者，他機関との連携

　子どもの実態，ニーズを把握し，支援を考えていくうえで大切なことは，子どもに関わるすべての人が連携し，1つのチームとなって子どもを支援していくことです。日本では長年，子ども中心主義の支援体制が主流で，子どもを中心に，子どものために大人がそれぞれに一生懸命で，それぞれが子どもと大人の1対1の関係で，大人同士の関係は成り立ちにくい状況でした[23]。これでは，それぞれに支援を行い，お互いに顔が見えない状態にあります。この状態では，お互いの支援が把握できず，それが子どもを混乱させる原因になりかねません。そこで大切なのは，お互いの顔が見える連携です。いつでも情報交換がしあえる関係が大切です。これを星山（2012）は，「横のつながり」[24]と呼んでおり，子どもを取り巻く環境の悪化により，子ども・保護者・保育者のつながりが難しく，それぞれに孤立している現状にあるため，大人が子どものために連携し，信頼関係をつくること，連携を促すシステムをつくることの重要性を述べています。支援の内容は1つではありませんし，それぞれの立場から見えてくる子どもの様子があります。よって，それぞれの立場から意見を出しあい，子どもにとってよりよい支援を検討していくことが連携をするうえで大切であると考えます。また，専門的な立場から子どもの姿を把握している専門機関との連携では，保護者の了承のもと，子どもの情報交換をしながら具体的な支援の内容や方法について共に検討していくことも大切です。これから子どもはさまざまな人と関わりながら「共生社会」[25]のなかで生きていきます。保育者も子どもに関わるすべての人と連携を図りながら，子どものニーズを考え，支援につなげていくことが求められます。

　さらに，連携を考える際に，子どもだけでなく，その子どもを支える家族を支援することも大切です。永井・納富・猪狩（2008）[26]は，特別な支援を必要とする子どもの家族は，通常の子育てに加えて，先行きの見えない不安や，診断を理解すること，どのように子育てしていくべきかなど多くの悩みやとまどいを感じ，精神的にも身体的にもリスクをもちやすいことが予想されるため，家族のニーズを把握することは，子どもの環境としての家族への支援と，家族自身への直接支援

---

[23] 星山麻木『障害児保育ワークブック』萌文書林，2012年。

[24] 星山麻木『障害児保育ワークブック』萌文書林，2012年。

[25] 共生社会
「共生社会」とは，これまで必ずしも十分に社会参加できるような環境になかった障害者等が，積極的に参加・貢献していくことができる社会であり，誰もが相互に人格と個性を尊重し支えあい，人々の多様なあり方を相互に認めあえる全員参加型の社会である。文部科学省「共生社会の形成に向けたインクルーシブ教育システム構築のための特別支援教育の推進（報告）」2012年。

[26] 永井明子・納富恵子・猪狩恵美子「米国における乳幼児期の障害児の家族ニーズ評価──Family Needs Survey の検討を中心に」『福岡教育大学障害児治療教育センター年報』第21号，2008年，pp. 31-36。

という2つの側面があるという点で重要であると述べています。幼児期の子どもの生活の基盤である家庭を支えること，つまり家族を支えることが，子どもの支援にもつながっていくのではないでしょうか。また，園生活だけで子どもの支援を考えるには限界があるかもしれません。家庭と連携し，保護者が家庭で行っていることや様子を聞いたり，園での様子を伝えたりして，よりよい支援につなげていくことが大切です。

第3節　保育者としての質を向上させるために

　本章の第1節・第2節にあげた社会の多様性や平等意識，そして，機会均等の確保は，保育実践の場では，まだ身近な問題として捉えられているとは言い難いのかもしれません。また，特別な支援に配慮した保育実践も保育者の問題意識は高いものの，それだけに特化した学習を修めていない保育者にとっては，まだまだ大きな課題と言えます。この節では，こうした今日的課題に対して，保育者としてどのような意識で対処していくことが重要なのかについて概説したいと思います。

1　マクロな視点でものを見つめる

　まず，1点目は，マクロ（巨視的）な視点で，保育者である「私」自身がいま生きている社会全体を把握することです。保育の専門性と言えば，「保育原理」や「保育実践方法」「保育課程」「子ども理解」など，保育者養成のカリキュラムで網羅されている内容を学ぶことと理解されがちです。それは，決して間違いではありませんが，十分であるとは言えません。保育者が現代社会を支える専門職の一員として重要な役割を果たしていることを社会全体に示すには，保育者資格や免許のための専門的内容だけではなく，保育者としての専門性がどのように活かされる社会であるのかを保育者自らが理解することが必要です。つまり，いまの子どもたちが置かれている社会状況，保護者支援が必要とされる社会背景などに目を向けることも，保育者としての専門性であると言えるのです。

　たとえば，厚生労働省「国民生活基礎調査」（2012年）によると，日本の子どもの貧困率は2012年には16.3％で（図9-2参照），この数

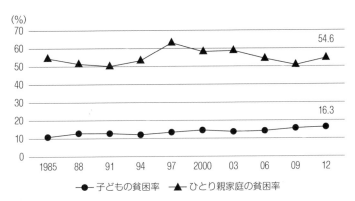

図9-2 子どもの相対的貧困率とひとり親家庭の相対的貧困率
出所：厚生労働省「国民生活基礎調査」(2012年)（http://www8.cao.go.jp/youth/whitepaper/h27honpen/b1_03_03.html）より作成。

字は先進国35か国のなかでも10番目に高い割合になります。さらにひとり親家庭で育つ子どもの相対的貧困率は54.6％でOECD諸国平均の22.6％を大きく上回ります。つまり，GDP世界第3位（2016年現在）の日本の子どもたちは，先進国のなかでもかなり貧しい状態で育てられていることになります。これまでの研究からは，経済的に厳しい環境の家庭の多くが移民であり，その家庭で育てられた子どもたちは家で絵本を読んでもらう経験が乏しく，自然環境に触れる機会の少ないことが明らかにされています。つまり，文化的・経済的多様性を抱え，働き方を同じくする方向が推進される男女共同参画社会と言われる現代では，このような，一見，保育者としての専門性には関係がないと思われる社会環境が，保育内容を考える際に大きな影響を及ぼすことがわかります。そして，こうした経済・家庭格差を凌駕できるのが乳幼児教育であるとすれば，保育者である「私」が一成員として生活する現代社会に起こっている事実をマクロな視点で認識することは，保育の質を向上させるうえで重要であると言えます。

▶27 Melhuish, E. (2010). *Impact of the Home LearningEnvironment on Child Cognitive Development : Secondary Analysis of Data from 'Growing Up in Scotland'*. The Scottish Government.

▶28 UK Department for Education (2015). *EPPSE 3-16+ project, Research Brief*.

2 ミクロな視点で子ども・保護者を見つめる

大きな社会の枠組みで保育を捉えるマクロ的な視点とともに，やはり，日々の保育においてどのように子どもを理解し，保護者を支えていけるかというミクロ（微視的）な視点で保育を捉えることは重要です。

本書第3章，第4章にも書かれているように，人との関わりを育み，身近な環境に自ら関わることで，乳幼児期に必要とされる発達が促さ

れます。保育者にとって重要なのは，子どもたちが「いま」「ここ」をどのように生きようとしているのかを「知りたい」「わかりたい」と思う心もちです。そこには，保育者である「私」がよく知らない文化規範を抱えた子どもたちやその家族，そして，「私」が未だ十分な専門的な知識をもたない特別な配慮を要する子どもたちやその家族も含まれます。

　アメリカの教育哲学者であるマキシム・グリーン（1917—2014）は，公平で思いやりのある社会をつくるには，まず，他者が生きる日々に思いを馳せることが大切であると説いています。その人の視点でものを見ることで，「私」の知らなかった世界が見えるようになるだけでなく，その人の生きる世界を感じることができるとも述べています。こうした他者の世界を想像する力は，保育の世界ではしばしば共感という言葉に置き換えられます。

　マキシム・グリーンの言葉は，さまざまな背景を抱える子どもたちやその家族の視点に立って物事を見つめ，考える（共感する）ことが，私たちの生きる社会をよりよくすることを示していると言えます。

　日々子どもたちに関わるなかで，その子どもの抱える文化的背景が「よくわからない」，この子どもにいま必要な支援が「これでいいのかよくわからない」状態に保育者が置かれることは，頻繁にあることでしょう。保育のなかでこうした「よくわからない」状態に出くわすと，私たちは不安になって「〇〇ちゃんは，どうしてできないんだろう」や「〇〇くんは，なぜそうしないんだろう」と負の強化の側面で見てしまいがちですが，そのときは，まず，その子どものしている一挙手一投足をよく見て，その子どものつぶやきや声にならない声に耳を傾けてみることが大切です。まずは，その子どもがどの場所が好きで，どの子どもといるときが落ち着いていて，何をしているときが一番幸せそうな笑顔でいるのかを見つけてみましょう。その子どもが「いま」「ここ」でもっとも安心して夢中になっている姿を探すことは，保育者にとってもうれしいことではないでしょうか。そうしてその子どもの楽しそうな笑顔や大好きな場所を写真に撮ったり，小さな出来事をお話に書いたりしたものを保護者の方に教えてあげると信頼関係も深まることでしょう。また，それらは保育記録となって，明日の指導案や来週の週案の糧としても活用できます。

　何かを変えたいと思うなら，とても小さな変化に気づくことから始めなければならない，というマキシム・グリーンの言葉にあるように，

「よくわからない」ことに向きあって，保育者としての専門性を向上させるには，目の前にいるすべての子どもの微細な動きから目を離さず，消え入るような小さな声に耳を傾けることから始めなければならないのかもしれません。

3 「私」の生きる社会で子どもを育てる保育を考える

世界各国の保育の流れを見ていると，各国が保育をどのように捉えているのかについて考えさせられます。1つは，読み書き計算など，小学校の学習準備となる基礎学習を重視し，乳幼児期を小学校の準備段階と位置づける「就学前準備型」。もう1つは，生涯にわたって重要とされる人としての育ちを支え，知識や技能の習得よりも，子ども自身の興味関心を重視し，人やものへの理解を深めたり，学びを広げようとする「生活基盤育成型」。保育の位置づけは，よくこの2つに大別されます。[29] どの国も，両方の視点を大切にしながら保育を行っているのですが，その傾斜配分は少し違うようです。たとえば，アメリカ，イギリス，フランスなどは，前者に重きを置いた保育内容を実践しているようですし，ノルウェーをはじめとする北欧諸国やニュージーランドなどは，後者を重視した保育を展開しているそうですが，日本はどうでしょう。

この2つの枠組みで，保育における多様性や公平さ，そして，特別支援について見てみると，どうやら実践内容での取組みが少し違うことがわかります。

前者では，いわゆる，能力別にクラスを分けて，それぞれの発達段階に応じた保育を提供する傾向にあります。たとえば，同じ5歳児クラスで字を書くという活動を行う際，書ける子どもたちにはそれに応じた内容のものを与え，書くことに困難を見せる子どもたちには別の課題を与えて，先生が傍らで丁寧に指導するといった具合です。後者では，遊びという包括的な活動内容のなかで，書きたい子は書き，書くことにまだ興味がもてない子は，徐々に興味がもてるような遊びへと誘われていくといった様子です。母国語が違う移民の子どもたちや特別な配慮を要する子どもたちもこの保育原理（枠組み）のなかで保育されます。

どちらが良い悪いという問題ではなく，これは保育者である「私」が子どもたちがこれから生きていく社会をどのように捉えているのか，

[29] OECD (2006). *Starting Strong II*.

また，保育という場を人が育つ保育・教育システムのなかにどのように位置づけるのかという問題になります。それは，私たち一人ひとりのなかに答えがあるはずで，保育者としての立ち位置を考えるうえで重要な保育理念となっていきます。

　保育実践を，大人がつくりあげた社会で生きるために必要なことを経験する場と捉え，保護者や地域と一緒になって子どもを支えていくのか，はたまた，未来を生きる子どもが主体として活動する場として保育実践を捉え，それを保護者や地域とともにつくりあげていく保育者でいるのか。「私の保育理念」を見つけるために，まずは，「私」の生きる社会はどういった社会であるのかを確認し，そこでどのように子どもと生きていきたいのかを認識することから始めてみましょう。そのことが，多様性に富み，公平性を保障し，特別な配慮への気づきを深めていく保育を実践するには，不可欠なのではないでしょうか。

第10章

保育者の専門的成長を考える
――諸外国が捉える「保育の質」の観点から――

「保育の質」が向上すれば，子どもたちの成長が助長されることは，近年の諸外国の研究を通してわかってくるようになりました。特に，保育者の専門性が向上すれば，保育実践の質が高まり，それが子どもたちに好影響を与えることが最近の研究では示唆されています。

　この章では，この「保育の質」という言葉を足がかりに，保育者自身がどのように実践者としての質を向上し，その専門性を高めていけるのかについて，諸外国の取組みを参考にしながら考えてみたいと思います

第1節　「保育の質」について考える

1　「保育の質」とは──〈過程の質〉と〈構造の質〉

　「保育の質の向上」この言葉が聞かれるようになって久しいですが，みなさんは「保育の質」と聞いて，何を思い浮かべるでしょうか？

　実は，研究者の間でも，未だ，その定義が定まっていませんし，「保育の質」を可視化する手立ても確立されているとは言えません。このことからも，「保育の質」を理解することが，いかに難しい問題であるのかがおわかりいただけると思います。しかし，多くの研究において「保育の質」の向上が子どもたちの発達成長を促すことはわかってきていますので，まずは，「保育の質」とは何を指すのかを，もっともよく展開される議論に基づいて概説してみることにします。

①過程の質

　近年，研究者の間では「保育の質」は〈過程の質〉と〈構造の質〉と呼ばれるものに大別されることが多いようです。[1]

　〈過程の質〉とは，子どもたちが日々の保育のなかで経験する遊びや生活の質を指します。換言すれば，直接子どもの育ちを支える保育の根幹とも言えます。もう少し具体的に言えば，日々の遊びや生活での経験を通して子どもたちの社会的・情動的・身体的・認知的発達が助長され，保育者や友だちとの関わりや遊具や教具のような環境との関わりのなかで子どもたちが育つ側面のことを意味します。写真10-1を見てください。とある園のままごとコーナーを写したものですが，みなさんはこの写真を見て，まず，どこに目が留まりますか？　この[2]

[1] Bronfenbrenner, U. & Morris, P. A. (1998); Pianta, R. C. & La Paro, K. (2003); OECD (2006) 参照。

[2] Howes, C. et al. (2008); Pianta, R. et al. (2005); Thomason, A. C. & La Paro, K. M. (2009) 参照。

第10章　保育者の専門的成長を考える

写真10-1　とある園の4歳児クラスのままごとコーナー

保育環境にどういった印象をもちますか？

「何歳児さんのお部屋かな？」「ダンボール箱は子どもたちがつくったおままごと道具かな？」「あの丸めたマットを敷いて使うのかな？」等々，さまざまな意見や感想が出てくると思います。ぜひ，保育の勉強をしている人とこの写真について話しあってみてください。たとえば，丸めたマットを広げてその上に座ってままごとを始める子どもの姿やそれを準備した先生の意図を思い起こしたでしょうか。または，先生が絵や文字でものをしまう場所を視覚的に示したことで「子どもたちが自らの手でお片づけするだろうな」と子どもの姿が浮かんできたでしょうか。この写真には子どもは写っていません。にもかかわらず，子どもたちがこの場でどのように遊ぶのかが語られたり，子どもがどのような行為をするかが見えてきたとすれば，保育者としての専門性が高まっていると判断することができます。そして，こうした保育の場で起こる子どもたちの姿のなかから見えてくる発達や成長のプロセス（過程）を確認し，明日，この子たちの遊びや経験がどうすればもっと楽しく，もっと豊かになるかを考えて保育することが〈過程の質〉を向上させることにほかなりません。この点において，保育における〈過程の質〉の向上は，保育者の専門性を向上させることと，ほぼ同義だと言えるでしょう。ただ，このように見えないものが見えるようになる保育者としての専門的知見は，実践者として日々子どもたちと関わりながら実践感覚を研ぎ澄ませて獲得していくものでもあるので，いわゆる，現職研修と呼ばれる保育者になってから学ぶ経験がとても重要になってきます。

▶3　門田ほか（2013）参照。

表10-1 「保育の質」を向上させる5つの政策手段

政策手段	ねらい・内容
目標と規定事項を設定する	・保育政策を強化し,優先すべき領域に適材適所を行う。 ・各省庁間の議論の指標として保育に対する政府のリーダーシップを促進する。 ・社会的・教育的目的を有した子ども主体の保育を促進する。 ・園長・施設長へのガイダンス,保育者への指導,保護者への情報を提供する。
カリキュラム・設置基準の策定とその実施	・さまざまな環境下においても均質の保育が提供されるように保育内容や環境を確保する。 ・保育者の実践の質を高める。 ・保護者の子どもの発達について理解を深める。
資格,トレーニング,労働条件の改善	・保育に携わる者すべてが,子どもの健全な発達と学習を確保するために継続的研鑽を積む。 ・なかでも,資格,養成教育,現職教育,労働条件などを改善する。
家族と地域社会の関与	・保護者と地域社会は同じ目標の達成に取り組む「パートナー」であるとの意識を喚起する。 ・家庭やその近隣社会の環境は,子どもの健全な発達や学びにとって重要であるという共通理解をもつ。
データ収集,調査研究,モニタリングの推進	・子どもの育ちを確認し,助長する。 ・保育実践や保育施設の運営など,保育全般の持続的な改善を推進する強力なツールとして援用する。

出所:OECD (2012) より筆者抜粋・翻訳。

②構造の質

他方,〈構造の質〉とは,〈過程の質〉の良し悪しを左右する保育制度や枠組みのことを指します。たとえば,1クラスの人数,子どもと保育者の割合,研修の義務化,保育者の資格要件などです。この〈構造の質〉を保育政策という視点でまとめたものが表10-1になります。これはOECD(経済協力開発機構)が,「保育の質」を向上させるために有効な手立てとしてあげた5つの政策手段です。言い換えれば,保育政策を決定する権限をもつもの(国,地方自治体など)が,この5つの保育政策に取り組めば,子どもたちの育ちが豊かになることを示しています。この5つの政策手段に書かれたそれぞれの内容,つまり,〈構造の質〉は各国さまざまですが,各国がこの〈構造の質〉の一つひとつにどのように取り組んでいるのかを見れば,その国の保育の形が見えてきます。たとえば,その国が「保育の質」をどのように捉えて法令を定め,カリキュラムを策定しているのか,保育者という職業をどのように捉えて処遇を位置づけているのか,などです。この〈構造の質〉への取組みは,保育者が日々取り組む〈過程の質〉にも少なからず影響を与えてきます。ここでは,表10-1に書かれている内容をすべて説明することはできないので,1つ目の「目標と規定

> 4 Howes, C. et al. (2008); Thomason, A. C. & La Paro, K. M. (2009) 参照。

事項」を取り上げて，この〈構造の質〉がなぜ保育政策として有効だと言えるのかをフィンランドの事例（次節も参照）から学んでみることにしましょう。

　フィンランドは，1973年，人が生きるという基本的人権に照らし合わせて，すべての子どもが保育を受ける権利を法律（保育法：Act on Children's Day Care）として制定しました。以降，改正を重ねたこの法律は，現在「０歳から７歳までの子どもたちはどの子も幼稚園と保育所が一体化した保育施設で保育を受ける権利を有する」と明記するだけではなく，子どもが保育を受ける権利をもっていることを国民の共通理解として浸透させることに一役買っています。そして，この「目標と規定事項」の制定により，フィンランドの各地方行政には，保育を希望する子どもたちがすべからく保育を受けられるように，保育施設を提供する義務が課せられるようになりました。それゆえ，現在の日本で，地方行政区ごとに懸案事項としてあがってくる待機児童や潜在的待機児童の問題はフィンランドには存在しません。また，このようにして希望者がすべて保育を受けられるという法整備を行った結果，フィンランドでは子どもたちの就園率が上がりました。近年の研究では，研鑽を積んだ専門家＝保育者のもとで質の高い保育を受けることが人の生涯にとって重要であることがわかってくるようになりました。つまり，就園して保育を受けることはその子どもの人生にとって大きな意味をもちます。欧州のなかでも就園率の低かったフィンランドが保育政策に懸命に取り組んだ背景と成果の一端であり，この一例においても，〈構造の質〉を向上することの重要性が理解できると思います。

▶5　たとえば，５歳児の就園率が2005年に53%だったものが2009年には62.6％に上昇。OECD（2006；2012）参照。

▶6　Siraj-Blatchford, I. et al.（2003）；OECD（2006；2012）参照。

2　〈過程の質〉と〈構造の質〉の関係性について

　この〈過程の質〉と〈構造の質〉がお互いにどのように関係しあって「保育の質」を向上させていくのか。実は，いまの研究結果でわかっていることはあまり多くはありません。特に〈過程の質〉と子どもの成長との研究は，その緒に就いたばかりです。ただ，〈構造の質〉である労働条件を向上させると〈過程の質〉の成果とも言える子どもの育ちへの影響が高くなることがわかり始めてきています（表10-2参照）。たとえば，１名の保育者が見る子どもの数を少なくする，もしくは，クラス全体の数を少なくすることは，保育者の負担が減り，

表10-2 労働条件と保育の質及び子どもの成長との関係性

労働条件	保育の質の向上	子どもの育ちへの影響
保育者一人あたりの子どもの数が少ない・クラスサイズが小さい	有	有
他の職種と変わらない給与・賃金やその他の恩恵	有	不明瞭
適切な労働時間と仕事量	有	不明瞭
低い離職率	有	有
刺激的でゆとりのある物理的環境	有	不明瞭
管理職のリーダーシップ・役割（有能で理解ある姿勢）	有	不明瞭

出所：OECD（2012）より筆者翻訳。

保育者が保育実践への充実を図る効果が期待できます。保育者の労働環境が向上すれば，保育者にも余裕が生まれ，子どもの育ちを支える環境構成や指導のあり方に専心する時間が確保されます。どうすればよりよい保育ができるかを考えることが保育者の成長につながり，保育者の専門家としての技能が高まることが子どもの育ちを豊かにすることにつながっていくというロジックです。

また，保育者が早期に退職することは，子どもの育ちにとっては好ましいことでないこともわかってきました[7]。保育とは非常に複雑な営みであり，その専門家である保育者が獲得しなければならない経験・知識・技能は，一朝一夕で身につくものではありません。保育者になる前の修学も必要ですし，保育者になってからの研鑽も重要になってきます。その専門性の高さが子どもの育ちを保障することは，上記でお伝えした通りです。そうして何年もかけて培ってきた保育者としての専門性が，早期退職によって活かされないことは，子どもたちの育ちにとってマイナス以外の何物でもありません。また，子どもたちが安心して生活し，遊び込める保育環境を提供するには，子どもたちとの信頼関係が必須ですし，保育者が提供する保育内容に理解を示してくれるような関係性を，子育てのパートナーとして保護者や地域社会とも築く必要があります。そして，何より，一緒に働く同僚と専門家集団としての意識を共有していくことが大切です。こうした互いに信じあえる関係性をつくりあげることは簡単なことではありませんし，それなりの時間を必要とします。それゆえ，安心して保育を任せられる保育者が，子どもたちや保護者，地域，そして園からいなくなることは，子どもの育ちだけではなく，子どもを取り巻く環境全体にとっ

[7] Whitebook, M. et al. (2009) 参照。

ての大きな損失になります。子どもの育ちに影響を与えてしまう保育者の離職をいかに防げるかは，行政，園長・設置者，研究者が一丸となって取り組まなければならない喫緊の課題の1つと言えます。

　私たちの生きる現代社会では，明確な指標が打ち出せる〈構造の質〉に対して保育関係の予算がたてられますが，それは同時に〈過程の質〉に影響を与えることにもなります。ただし，〈構造の質〉の向上が〈過程の質〉をも良質なものにすることが，保育政策の意思決定を行う人々に認められることが重要です。彼らの理解なくしては，〈構造の質〉をあげる手立てを国の重要課題として位置づけることが難しいからです。そのため，いま，世界各国では保育における縦断的調査結果に基づくエビデンス（根拠）が収集され始めており，特に，表10-2で子どもの育ちに不明瞭とされている領域で長期的な調査を行うことが求められています。〈構造の質〉を保育者が孤軍奮闘して変えることは不可能ですが，〈過程の質〉は保育者自身の取組み次第で向上させていくことは不可能ではありません。日々の子どもたちの成長に寄与する〈過程の質〉の向上に取り組むことが保育者にとっては第一義になりますが，保育者だから〈過程の質〉だけわかっていればよいのではないことも少しおわかりいただけたかと思います。この節を通して述べてきたように，保育においては〈過程の質〉〈構造の質〉ともに重要です。そして，これらが相互補完的な関係性であることを考えれば，日々〈過程の質〉に携わる保育者自身も〈構造の質〉について理解をしておくことは，これからの専門家としては必須であると言えるでしょう。

> 8 Bennett, J. (2005); Phillipsen, L. C. et al. (1997) 参照。

> 9 OECD (2006) 参照。

> 10 エビデンス（根拠）は，保育政策を決定する際必要とされる。たとえば，保育を受けた子どもは小学校での言葉の育ちが豊かであるという根拠が示されれば，保育を受けたほうがよいという結論に結びつく。世界各国の保育政策はこのエビデンスに基づいて決定されるため，日本でも重視されるようになってきた。

> 11 OECD (2012) 参照。

第2節　専門家としての保育者であり続けるために

1　保育者としての資格要件について

　表10-1で取り上げた保育政策の5つの手順の3つ目に「資格，トレーニング，労働条件の改善」があります。先に労働条件の改善が子どもの育ちになぜ影響を与えることになるかについては述べましたが，保育者自身の学びや成長も同様に子どもの育ちに影響を与えます。

　それを示したものが図10-1です。労働条件の改善同様に，保育者

```
┌─────────────────────┐┌─────────────┐┌─────────────┐
│保育者の資格要件／   ││             ││             │
│教育歴／現職研修     ││  保育の質   ││ 子どもの育ち │
└─────────────────────┘└─────────────┘└─────────────┘
```

図10-1　保育者の資格・研修が与える影響について

出所：筆者作成。

➡12 Sheridan, S. (2009); Pramling, N. & Pramling Samuelsson, I. (2011) 参照。

➡13 OECD (2012) 参照。

の資格や教育歴，現職教育が子どもの育ちを左右するカギを握ります。保育者が養成の段階で質の高い教育を受け，保育者となってからも研鑽を積むことが，保育実践の質を向上させ，それが子どもたちの成長へとつながるため，保育者の資格要件を高次化させることや現職教育を充実させることが，昨今議論されるようになってきました。

　保育者として働き始めるための準備が整っているかどうかを確認する指標として，保育所で働くには保育士資格，幼稚園では幼稚園教諭免許，また認定こども園ではその両方を有することが日本では求められているわけですが，他の国々ではどのような資格要件が求められているのでしょう。ここでは，日本と同様，制度・行政において幼保の一体化がなされていない隣国韓国と保育制度全体が一元化されているフィンランドを例に取り上げてみたいと思います。表10-3は，日本，韓国，フィンランドの各保育施設の保育専門職要件と職員配置数を一覧にしたものです。まず，この表から何が読み取れるか，一度考えてみてください。

　「韓国では，保育士は高校卒業していればなれるの？」「フィンランドの5歳児さんは先生1名に対して子どもが7名なの？」といった声が聞こえてきそうですが，その他にも，保育施設の違いや就学年齢の違い，そして，保育者の名称の違いが目についたことでしょう。では，まず，職員配置数から見ていきましょう。

　日本では，保育所の職員配置は「児童福祉施設の設備及び運営に関する基準」に記載されているものを国の基準として定めていますが，認可保育所の認可母体である市区町村がその地域の実情に応じた配置基準を定めることは可能なので，必ずしも国の基準通りの配置数になっているとは限りません。認定こども園は，保育所と同じ認可基準に準じたものとなっています。韓国の保育所の職員配置は，未満児においては日本とほぼ似た基準となっているようです。フィンランドは，

表10-3 保育施設における保育専門職要件と職員配置数

国	施設	対象年齢	職種	資格要件	職員配置数（子ども：保育者）
日本	保育所	0-6	保育士	保育士養成課程修了（短大・大学・専門学校を含む）・保育士試験	（0歳）3：1 （1-2歳）6：1 （3歳）20：1 （4-5歳）30：1
日本	幼稚園	3-5	幼稚園教諭	一種免許状（大学卒業程度） 二種免許状（短期大学卒業程度） 専修免許状（大学院修士課程修了程度） 通信課程	1学級あたり専任教諭1人（1学級の幼児数は、35人以下が原則）
日本	認定こども園	0-6	保育教諭等	「幼稚園教諭免許状」と「保育士資格」の両方の免許・資格を有することを原則	（0歳）3：1 （1-2歳）6：1 （3歳）20：1 （4-5歳）30：1
韓国	保育所	0-6	保育士	高校卒業が最低条件	（0歳）3：1 （1歳）5：1 （2歳）7：1 （3歳）15：1 （4歳）20：1 （5歳）20：1
韓国	幼稚園	3-5	幼稚園教諭	2年制大学修了が最低条件	半日保育 （3歳）18：1 （4歳）24：1 （5歳）28：1 （異年齢）23：1 全日保育 （3-5歳）20：1
フィンランド	幼保一体化施設	0-7	幼稚園教諭・ソーシャルペダゴーグ等	幼稚園教諭は、4年制大学以上が最低条件。ソーシャルペダゴーグは、福祉及び健康領域で3年制専門学校修了が最低条件	（0-3歳）4：1 （3歳以上）7：1
フィンランド	家庭保育施設	0-7	家庭保育者	家庭保育者資格を有することが望ましい	4-5名につき1名
フィンランド	就学前施設（義務教育）	6-7	幼稚園もしくは小学校教諭	幼稚園教諭は4年制大学もしくは修士課程修了。小学校教諭は修士課程修了	13：1

出所：日本については、OECD（2006），幼保連携型認定こども園の学級の編制，職員，設備及び運営に関する基準（2014），児童福祉施設の設備及び運営に関する基準（1948）及び幼稚園設置基準（1956）をもとに作成。
韓国については，OECD（2006）及びPark & Park（2015）をもとに作成。
フィンランドについては，OECD（2006）及びhttp://www.oph.fi/english/education_system/early_childhood_education をもとに作成。

未満児における基準が1対4ですので，未満児に関しては，日本や韓国とほぼ同数と言えるでしょう。みなさんの地域の保育所職員配置数はどのような基準になっているか，一度調べてみてはいかがでしょうか。

次に幼稚園の教員配置数ですが，日本は1956年の幼稚園設置基準を

踏襲したままで，1対35となっています。実はこの数値は，OECD諸国が調査した各国の3〜6歳の職員配置基準のなかでもっとも多い基準で，しかも日本だけが群を抜いて高いことがこの調査でわかりました[14]。日本の次に多いとされるフランスでも1対25，OECD諸国の平均に至っては18名以下と日本の約半数の割合になっています。ちなみに，保育所における3歳以上の配置基準も30名を超えており，日本では1名の保育者が保育する3歳以上児の数が他国と比べると多いようです。今回例としてあげたフィンランドは，3歳以上児の基準が世界でもっとも低く，5歳児でも1名の保育者に7名を上限とする基準が敷かれています。

　ここで考えなければならないことは，少なければ少ないほど〈構造の質〉があがり，〈過程の質〉があがるのか，ということです。つまり，子どもの数が少なければ子どもの育ちは豊かになるのでしょうか。日本以外の多くの国々では，「これ以上の子どもの数を保育者1名で見ることは，明らかにリスクが高すぎる」という観点から，日本よりも少ないクラス人数としているわけですが，日本ではどうやら少し違う見解があるようです。よく耳にするのは，「ある一定の人数を切ってしまうと集団で遊べなくなり，人との関わりを育てることが難しくなってしまう」という意見です。と同時に「3歳児の発達段階を考えると保育者1名で30名を保育するのは無理です」と悲鳴を上げる声もあります。もう1点よく言われるのは，日本の保育者の質が高いからこの人数でも対応できているのではないかという視点です。日本では，日本独特の文化的特性に基づいて，「集団のなかの個」を育てる保育を行ってきています。子どもたちが人と関わり，人の思いを大切にしながら，友だちと一緒に問題解決をする社会性や協働性を育むためには，多種多様な関係性を生み出す集団が必要になります。その集団のなかで，子どもたち一人ひとりが自立性や主体性を育めるよう，保育者が一人ひとりの子どもの興味関心を理解しながら，集団生活や活動を展開することは容易ではありません。では，その国に根差した文化規範に則って，保育者が保育を展開するために，各国がどのような資格要件を敷きながら保育者の育成に取り組んでいるのかを見てみることにしましょう。

　歴史的に，保育とは「養護（ケア）」することであるとみなされてきた保育所保育は，「教育」することを保育の主体に置いてきた学校機関としての幼稚園保育よりは，低い資格要件を敷く傾向にあります[15]。

→14　OECD（2012）参照。

→15　OECD（2012）参照。

これは，ほぼどの国も同じ傾向です。今回あげた３国では，韓国の最低条件の低さが目につきますが，韓国では資格要件をあげる試みが上手くいかないようです[16]。フィンランドの幼保一体化施設では，違った資格要件をもった保育者が混合で保育をしています。幼稚園教諭と呼ばれる保育者は，４年制大学を修了していることが最低条件であり，ソーシャルペダゴーグと呼ばれる保育者は，福祉や健康領域を３年制の専門学校で修了していることが最低条件になります。また，人口密度が低く遠隔地の多いフィンランドでは[17]，施設型の保育所を開設するのが難しい現状があります。そこで，遠隔地では家庭保育所と呼ばれる，家庭を保育施設として利用した保育施設が開設されることがままあります。家庭保育施設では家庭保育者資格を有する人が保育するように義務づけられていますが，この家庭保育者資格には法的性格づけがなされておらず，現在，フィンランド保育の課題としてあげられています[18]。もう１つの保育施設である就学前施設は，小学校に就学する前年度を過ごす義務教育の保育施設で，ここでは幼稚園教諭もしくは小学校教諭の資格をもつ保育者が保育にあたります。幼稚園教諭は，４年制大学修了もしくは大学院修士課程修了者で，小学校教諭は全員大学院修士課程を修了していなければなりません。ちなみに，６〜７歳の子どもたちが在籍するこの保育施設では，１名の教諭に対する子どもの数は13名を上限としています。

養成段階での教育歴が高ければよい保育者になれるという研究結果があるわけではありませんが，教育歴の高い保育者は子どもたちに考えることを促し，人と関わる刺激をもたらす保育実践を展開する傾向にあることは明らかになっています[19]。そして，教育歴の高い保育者の質の高い関わりが，子どもたちの成長発達を促すこともわかってきています[20]。学歴が保育者としての専門性を保証することはありませんが，養成段階で何をどのように学んだかは影響を与えると言われています。

筆者が，養成段階での専門性への取組みや教育歴について，知り合いのフィンランドの行政官と話をした際，彼女がいまフィンランドで早急に取り組まなければならない２つの課題について話をしてくれました。１つは，家庭保育者の質の向上をどのように保育政策として位置づけるかという課題で，もう１つは保育一体型施設で働く保育者の格差問題です。特に後者の事態は深刻で，保育するという日々の業務内容は同じであるのに，資格要件の違う保育者が違う給与形態と待遇のまま同じ保育室で保育を行うことに，不平の声があがっているとい

[16] Park, E. & Park, S.（2015）参照。

[17] 2016年の人口密度は18.2/km^2（https://esa.un.org/unpd/wpp/）。

[18] Taguma, M. et al.（2012）参照。

[19] Bowman, B. T. et al.（2001）参照。

[20] Barnett, W. S. et al.（2010）参照。

うのです。統計をとったわけでも、研究調査の結果でもない一人の行政官の私見に過ぎませんが、ここまでの軋轢が生じることは想定していなかったというその行政官の戸惑いを聞いて、日本の幼保一体型認定こども園のことを想起しました。保育教諭という資格がどうして創設されなければならなかったのか。それぞれが少し違った専門性に重きを置いて研鑽を積んできた幼稚園教諭と保育士が混在して保育を行うことの良さはないのか、など、保育施設の融合問題とも絡めて、資格要件の問題を考えてみることも非常に興味深いと感じています。

こうして資格要件と職員配置の〈構造の質〉から保育を眺めてみると、「フィンランドのように2名の保育者で14名の子どもたちを保育するならどんな保育ができるのかな？」「1名の保育者で30名の3歳児さんならどんな計画がふさわしいだろうか？」など、〈過程の質〉に思いを馳せることもできます。労働条件の観点から考える職員配置数の考え方については先に示した通りですが、みなさんはこの〈構造の質〉に対してどのような考えをもつでしょうか。〈過程の質〉への影響を考えながら、ぜひ、いろいろと話しあってみてください。

2 現職研修のあり方について

養成段階での修学の仕方が保育者の専門性の向上に寄与することは少し述べましたが、ここではより〈過程の質〉に影響を与えることがわかってきている現職研修について一緒に考えてみたいと思います。

良質の保育のためには、しっかりとした現職・専門職研修が重要であり、専門家としての質を保つためには、継続した専門研修に参加することが必須です。たとえば、質の高い保育を提供するために、保育者は、これまでの教育や経験の効果が消えてしまわないように研修に参加し続け、子どもたちの育ちや学びを助長するために、長期的で定期的な研修を受けなければならないと言われています[21]。また、養成段階で子どもとの関わりや保育経験がほとんどもてなかった保育者でも、研修に参加する保育者のほうが参加しない保育者よりも質の高い保育を提供していること[22]などがわかってきており、よい保育を行うためには現職研修が必須であることが世界の常識となりつつあります[23]。表10－4は、保育者に提供される研修の種類を示したものです[24]。

こうした現職研修を通して、以下の力をもった保育者を育成することが期待されています[25]。

➡21 Fukkink, R. G. & Lont, A.（2007）; Mitchell, L. & Cubey, P.（2003）参照。

➡22 Sheridan, S. & Schuster, K.-M.（2001）参照。

➡23 Burchinal M. et al.（2002）参照。

➡24 Sheridan, S.（2009）; Pramling, N. & Pramling Samuelsson, I.（2011）参照。

➡25 OECD（2012）参照。

第10章　保育者の専門的成長を考える

表10-4　保育者が参加するさまざまな研修

提供	研修内容
園・施設	職員会議 内容に特化した専門研修 園内研修・メンタリング 公開保育 研究保育　　　　　　　　　　　　　　など
行政・団体・教育機関	セミナー・ワークショップ 学会・研究会 特化した内容研修 オンライン・バーチャル研修 資格・単位のための正規の授業 トレーニングコース 保育参観・助言　　　　　　　　　　　など

注：1．機関レベルでは、セミナー・ワークショップの内容によっては費用を徴収するものもある。
　　2．行政レベルの研修のあり方は地域によってさまざま。
出所：筆者作成。

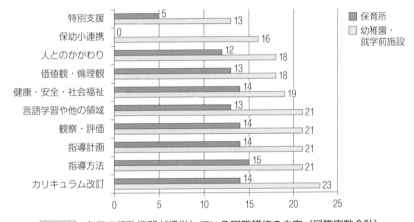

図10-2　各国の行政機関が提供している現職研修の内容（回答実数合計）
出所：OECD（2012）より筆者翻訳。

・子どもの発達と学びに対する理解
・子どものものの見方を発展させる能力
・子どもを褒める，安心させる，子どもに考えさせる，応答的である能力
・リーダーシップ，問題解決能力，保育計画の立案能力
・子どもの考えを引き出す語彙と能力

これら一つひとつを保育者個人が学ぶことは不可能ですし，これ以外にも質の高い保育者であるために学ばなければならない知識や技能は数多くあります。図10-2は，OECD諸国が提供している現職研修

表10-5 保育機関別にみた現職研修の提供元

	幼稚園				保育所			
	政府	園・設置者	大学	非政府機関	政府	園・設置者	大学	非政府機関
フィンランド	○	×	○	○	○	×	○	○
日本	○	○	○	○	×	○	○	○
韓国	○	○	○	○	○	○	○	○

出所：OECD（2012）より筆者抜粋・翻訳。

表10-6 保育機関別にみた現職研修への支援

	研修参加費用支給		研修参加に伴う欠勤への給与保障		上級免許資格		研修参加に伴う休職		昇給・昇格	
	保	幼	保	幼	保	幼	保	幼	保	幼
フィンランド	○	○	○	○	○	○	○	○	×	×
日本	○	○	×	○	×	○	×	○	×	×
韓国	○	○	×	×	×	×	×	×	×	○

出所：OECD（2012）より筆者抜粋・翻訳。

➡26 行政区
政策の意思決定を行う権限をもつ行政を指す。たとえば，アメリカでは50州すべてが保育に関する決定権をもっているので1国で50行政区あるという認識になる。

の内容を示したものです。数値は，保育所に対する調査に参加した26行政区（21か国），幼稚園・就学前施設に対する調査に参加した34行政区（29か国）がそれぞれ回答した実数合計になります。たとえば，カリキュラム改訂に伴い，保育所を対象とした研修を提供すると回答したのは14行政区で，幼稚園・就学前施設への研修を実施すると回答したのは23行政区です。いずれの項目においても保育所よりも幼稚園や就学前施設への研修が多く提供されていることが特徴と言えます。ただし，このような研修が準備されたとしても，保育者はいつ参加し，どのようにして参加できるのかが，実質的な課題になってきます。

　表10-5は，日本，韓国，フィンランドの各国において，現職研修を誰が提供しているのかを示したものです。フィンランドでは，園内研修と呼ばれるような各園で行われる研修が提供されていないことがわかります。また，日本では，保育所保育士に対する研修は国の保育制度として義務化されていませんので，そのことがこの表には示されています。

　表10-6は，保育者が研修に参加するのをどのように支援しているかの取組み具合を示したものです。保育者が研修を受けるにあたってかかる研修費用は，どの国も支給すると回答していますが，研修によって欠勤することになった際の給与保障は，フィンランドと日本の幼稚園だけとなっています。研修を受けることによって免許資格が上級

に昇格する制度を敷いているのは，同じくフィンランドと日本の幼稚園だけです。次に，資格取得や大学への復学といった長期にわたっての研修を受ける際に休職制度を敷いているのも同じくフィンランドと日本の幼稚園だけです。一方で，研修を受けることで昇給や昇格が保障されているのは韓国の幼稚園だけになります。

　ここから課題として浮き上がってくるのは，日本の保育所に勤務する保育者への現職研修が参加費支給以外なされていないという事実です。研修が義務化されていないという保育政策によって，〈過程の質〉をもっとも向上させる一因と位置づけられている現職研修の実施を妨げているとすれば残念なことです。各自治体や保育団体による園外研修の充実が自主的に図られているという現状にあわせた，〈構造の質〉の転換が求められるところです。

第3節　保育の専門家として成長し続けるために

　日本以外の国が，どのような保育政策を模索しながら，子どもの育ちを支えようとしているのかについて考えてきました。他国が「保育の質」を向上させるために〈構造の質〉において工夫している取組みから日本の課題も見えてきました。こうして他者から学べる者であり続けるためには，頭も心も柔軟でなければなりません。「私」の考えや思いは大切ですが，相手の考えや思いを知ることも重要です。今回は韓国やフィンランドを取り上げて，そこから日本の保育における価値観を探ってみましたが，日本の都道府県市町村にもそれぞれの「保育の質」が存在します。この章のなかであがってきたいくつかの〈構造の質〉や〈過程の質〉を身近な例を引き合いに出して，みなさんの地域ではどのような「保育の質」が提供されているのか，市役所や区役所，教育委員会の資料などを手に取りながら調べてみてください。

　フィンランドでは，保育は提供するものではなく，すべての子どもが享受する権利として捉えられていることを述べました。私はこの権利が世界中の子どもたちに行き届く世界の法律として，浸透してほしいと願っています。家庭で保育を受けたい子どもは良質な保育を家庭で受けることができ，保育施設で保育を受けたい子どもは保育施設で良質な保育を受けられる。そのことが，息をするのと同じぐらい当たり前のこととして存在してほしいと願っています。そして，子どもた

ちと日々の生活をともにする保育者には，この子どもの保育を受ける権利が最大限に履行されるように子どもの育ちを支える専門家であってほしいと願っています。

　保育は誰のためにあるのか？

　それを希求し続けることは保育者として答えのない課題に立ち向かうようなものです。この究極の命題に専門家としての知識，経験，そして理念をもって答えるためには，保育者として考え続けることが必要です。保育は，女性が働けるような社会環境を整備するためでも，待機児童をなくすといった経済的視点や女性労働や社会保障をするためだけにあるのではない。その当たり前のことを問い続けることが重要だと思います。そうでなければ，権利をもたない子どもたちは，どの家庭に生まれたかで生きる術をもぎ取られたことになってしまうからです。どのような境遇に生まれようとも，精神的，身体的，経済的，物理的不利益を被ることなく，人種的，文化的な差別を受けることなく，健やかに生きる権利を子どもたちが享有しているという意識を私たちは専門家としてもっていなければなりません。

　そして，子どもから学び続けるためには，子どもの遊ぶ姿に潜むおもしろさに共鳴することも大切だと思います。おもしろさに寄り添って，子どもと一緒に何かを感じ，喜ぶことが，保育者として学び続けるためにはもっとも必要なセンスかもしれません。保育者をサポートする研修制度は，そのおもしろさに気づかせてくれる呼び水だと言えます。それゆえ，保育者が参加しやすい研修制度を整えることは必須ですが，それに積極的に参加するかしないかはあくまでも保育者次第です。ぜひ，他者から学ぶ柔軟性をもって保育者として成長を遂げていってほしいと思います。

　「保育の質」を保障するのは「私の保育者としての質」を向上させることだとすれば，それは長い長い時間をかけた挑戦なのかもしれませんが，明日の子どもたちが今日より幸せであるために，一緒に研鑽を積んでいければと願っています。

参考文献

秋田喜代美・佐川早季子「保育の質に関する縦断研究の展望」『東京大学大学院教育学研究科紀要』第51巻，2012年，pp. 217-234。

門田理世・中坪史典・箕輪潤子・秋田喜代美・小田豊・無藤隆・芦田宏・鈴木正敏・野口隆子・森暢子・上田敏丈「写真評価法（PEMQ）から振

り返る保育環境(2)――保育者が提示する保育環境写真を評価する視点」『日本保育学会第66回大会発表論文集』2013年，p. 348。

Barnett W. S., Epstein, D. J., Carolan, M. E., Fitzgerald, J., Ackerman, D. J. & Friedman, A. H. (2010). *The state of preschool 2010 : State preschool yearbook.* National Institute for Early Education Research, New Brunswick.

Bennett, J. (2005). The OECD Thematic Review of Early Childhood Education and Care Policy, *Learning with Other Countries : International Models of Early Education and Care*, Daycare Trust, London.

Bowman, B. T., Donovan, M. S. & Burns, M. S. (Eds.) (2001). *Eager to Learn : Educating our Pre-schoolers. Committee on Early Childhood Pedagogy.* National Research Council Commission on Behavioral and Social Sciences and Education, National Academy Press, Washington DC.

Bronfenbrenner, U. & Morris, P. A. (1998). The ecology of developmental processes. In W. Damon & R. M. Lerner (Eds.), *Handbook of child psychology, Vol. 1 : Theoretical models of human development (5th ed., pp. 993-1023).* New York: John Wiley and Sons, Inc.

Burchinal, M., Cryer, D. & Clifford, R. (2002). Caregiver training and classroom quality in child care centers, *Applied Developmental Science*, **6**(1), 2-11.

Fukkink, R. G. & Lont, A. (2007). Does training matter? A meta-analysis and review of caregiver training studies, *Early Childhood Research Quarterly*, **22**, 294-311.

Howes, C., Burchinal, M., Pianta, R., Bryant, D., Early, D., Clifford, R. & Barbarin, O. (2008). Ready to learn? Children's pre-academic achievement in pre-Kindergarten programs, *Early Childhood Research Quarterly,* **23**(1), 27-50.

Mitchell, L. & Cubey, P. (2003). *Characteristics of professional development linked to enhanced pedagogy and children's learning in early childhood settings.* Report for the New Zealand Ministry of Education. Wellington: NCER.

OECD (2006). *Starting Strong II.*

OECD (2012). *Starting Strong III.*

Park, E. & Park, S. (2015). Issues and Tasks for Early Childhood Education and Care Workforce in Korea, *The Pacific In Early Childhood Education Research Association,* **9**(2), 23-50.

Phillipsen, L. C., Burchinal, M. R., Howes, C. & Cryer, D. (1997). The

Prediction of Process Quality from Structural Features of Child Care, *Early Childhood Research Quarterly,* **12**, 281-303.

Pianta, R. C. & La Paro, K. (2003). Improving early school success, *Educational Leadership,* **60**(7), 24-29.

Pianta, R., Howes, C., Burchinal, M., Bryant, D., Clifford, R., Early, D. & Barbarin, O. (2005). Features of pre-kindergarten programs, classrooms, and teachers: Do they predict observed classroom quality and child-teacher interactions?, *Applied Developmental Science,* **9**(3), 144-159.

Pramling, N. & Pramling Samuelsson, I. (2011). *Educational encounters : Nordic studies in early childhood didactics.* Dordrecht, The Netherlands: Springer.

Sheridan, S. & Schuster, K.-M. (2001). Evaluations of Pedagogical Quality in Early Childhood Education - A cross-national perspective, Department of Education, University of Gothenburg, Sweden, *Journal of Research in Childhood Education,* Fall/Winter 2001, **16**(1), 109-124.

Sheridan, S. (2009). Discerning pedagogical quality in preschool, *Scandinavian Journal of Educational Research,* **53**(3), 245-261.

Siraj-Blatchford, I., Sylva, K., Taggart, B., Sammons, P., Melhuish, E. & Elliot, K. (2003). *The Effective Provision of Pre-School Education (EPPE) Project : Intensive Case Studies of Practice across the Foundation Stage.* London: DfEE/Institute of Education.

Taguma, M., Litjens, I. & Kelly Makowiecki, K. (2012). *Quality Matters in Early Childhood Education and Care : Finland.*

Thomason, A. C. & La Paro, K. M. (2009). Measuring the quality of teacher-child interactions in toddler child care, *Early Education and Development,* **20**, 285-304.

Whitebook, M., Gomby, D. S., Bellm, D., Sakai, L. & Kipnis, F. (2009). *Effective teacher preparation in early care and education : Toward a comprehensive research agenda.* Center for the Study of Child Care Employment, Berkeley, CA.

《執筆者紹介》執筆順，＊は編著者

＊清水陽子（しみず・ようこ）第1章第1節・第2節，コラム②
　　九州産業大学教授。
　　　主　著　『豊田芙雄と草創期の幼稚園教育』（共著）建帛社，2010年。
　　　　　　　『ともだちだいすき，保育園だいすき――柳瀬保育園の保育実践と計画づくり』（編著）みき書房，2013年。

冨岡量秀（とみおか・りょうしゅう）第1章第3節，コラム①，コラム③
　　大谷大学短期大学部准教授。
　　　主　著　『キリスト教教育事典』（共著）日本キリスト教団出版局，2010年。
　　　　　　　『真宗保育をデザインする』（単著）公益社団法人大谷保育協会，2015年。

原　陽一郎（はら・よういちろう）第1章第4節，コラム④
　　筑紫女学園大学准教授。
　　　主　著　『抱っこしてもいいの？』（共著）エイデル研究所，2007年。
　　　　　　　『子育て　錦を紡いだ保育実践』（共著）エイデル研究所，2011年。

今津尚子（いまづ・しょうこ）第2章第1節・第2節・第3節1，コラム⑤
　　九州女子大学特任准教授。

末嵜雅美（すえざき・まさみ）第2章第3節2
　　九州大谷短期大学教授。
　　　主　著　『児童福祉の発見』（共著）あいり出版，2008年。

＊松井尚子（まつい・なおこ）第2章第4節，第6章第1節・第2節
　　東亜大学教授。
　　　主　著　『乳幼児の教育保育課程論』（共著）建帛社，2010年。

森　暢子（もり・のぶこ）第3章
　　香蘭女子短期大学教授。
　　　主　著　『子どもを見る変化を見つめる保育』（共著）ミネルヴァ書房，2006年。
　　　　　　　『ともだちだいすき，保育園だいすき――柳瀬保育園の保育実践と計画づくり』（共著）みき書房，2013年。

渡邊由恵（わたなべ・よしえ）第4章，第5章第1節・第2節
　　久留米信愛女学院短期大学准教授。

針間和枝（はりま・かずえ）第5章第1節・第2節
　　えんぜる保育園園長。

赤嶺優子（あかみね・ゆうこ）第5章第3節・第4節3
　　沖縄キリスト教短期大学准教授。
　　　主　著　『教師のリフレクション（省察）入門』（共著）学事出版，2012年。

黒田秀樹（くろだ・ひでき）第5章第4節1・2
　　きらきら星幼稚園園長，全日本私立幼稚園幼児教育研究機構理事。
　　　主　著　『保育内容　人間関係』（共著）みらい，2009年。

永渕美香子（ながふち・みかこ）第6章第3節・第4節
　中村学園大学短期大学部講師。

川俣美砂子（かわまた・みさこ）第7章第1節・第2節・第3節
　高知大学准教授。
　　主　著　『遊び・生活・学びを培う教育保育の方法と技術』（共著）北大路書房，2009年。
　　　　　　『ワークで学ぶ　保育・教育職の実践演習』（共著）建帛社，2014年。

重成久美（しげなり・くみ）第7章第4節
　活水女子大学准教授。

＊牧野桂一（まきの・けいいち）第8章
　東亜大学客員教授，大分こども発達支援研究所所長。
　　主　著　『子らのいのちに照らされて』（単著）樹心社，2004年。
　　　　　　『受けとめる保育』（単著）エイデル研究所，2013年。

井上佳奈（いのうえ・かな）第9章第1節
　西南学院大学大学院生。

沖本悠生（おきもと・ゆい）第9章第2節
　西南学院大学大学院生。

＊門田理世（かどた・りよ）第9章第3節，第10章
　西南学院大学・大学院教授。
　　主　著　『子どもの発達と文化のかかわり』（共著）光生館，2007年。
　　　　　　『保育者を生きる——専門性と養成』（共著）東京大学出版会，2016年。

保育の理論と実践
——ともに育ちあう保育者をめざして——

2017年3月20日　初版第1刷発行　　　　　〈検印省略〉
2017年11月20日　初版第2刷発行

定価はカバーに表示しています

編著者　　清水陽子
　　　　　門田理世
　　　　　牧野桂一
　　　　　松井尚子
発行者　　杉田啓三
印刷者　　江戸孝典

発行所　　株式会社　ミネルヴァ書房
607-8494　京都市山科区日ノ岡堤谷町1
電話代表　(075)581-5191
振替口座　01020-0-8076

© 清水陽子ほか，2017　　　共同印刷工業・藤沢製本
ISBN978-4-623-07454-9
Printed in Japan

最新保育講座

B5判／美装カバー

1 保育原理
森上史朗・小林紀子・若月芳浩 編
本体2000円

2 保育者論
汐見稔幸・大豆生田啓友 編
本体2200円

3 子ども理解と援助
髙嶋景子・砂上史子・森上史朗 編
本体2200円

4 保育内容総論
大豆生田啓友・渡辺英則・柴崎正行・増田まゆみ 編
本体2200円

5 保育課程・教育課程総論
柴崎正行・戸田雅美・増田まゆみ 編
本体2200円

6 保育方法・指導法
大豆生田啓友・渡辺英則・森上史朗 編
本体2200円

7 保育内容「健康」
河邉貴子・柴崎正行・杉原 隆 編
本体2200円

8 保育内容「人間関係」
森上史朗・小林紀子・渡辺英則 編
本体2200円

9 保育内容「環境」
柴崎正行・若月芳浩 編
本体2200円

10 保育内容「言葉」
柴崎正行・戸田雅美・秋田喜代美 編
本体2200円

11 保育内容「表現」
平田智久・小林紀子・砂上史子 編
本体2200円

12 幼稚園実習 保育所・施設実習
大豆生田啓友・高杉 展・若月芳浩 編
本体2200円

13 保育実習
阿部和子・増田まゆみ・小櫃智子 編
本体2200円

14 乳児保育
増田まゆみ・天野珠路・阿部和子 編
未定

15 障害児保育
鯨岡 峻 編
本体2200円

新・プリマーズ

A5判／美装カバー

社会福祉
石田慎二・山縣文治 編著
本体1800円

児童家庭福祉
福田公教・山縣文治 編著
本体1800円

社会的養護
小池由佳・山縣文治 編著
本体1800円

社会的養護内容
谷口純世・山縣文治 編著
本体2000円

家庭支援論
高辻千恵・山縣文治 編著
本体2000円

保育相談支援
柏女霊峰・橋本真紀 編著
本体2000円

発達心理学
無藤 隆・中坪史典・西山 修 編著
本体2200円

保育の心理学
河合優年・中野 茂 編著
本体2000円

相談援助
久保美紀・林 浩康・湯浅典人 著
本体2000円

ミネルヴァ書房
http://www.minervashobo.co.jp/